新教コイノーニア 33

日本基督教団 戦争責任告白から50年

その神学的・教会的考察と資料

『時の徴』同人編

〔5〕〔第三種郵便物認可〕　第3500号　…月18日

第二次大戦下における日本基督教団の責任についての告白

わたくしどもは，1966年10月，第14回教団総会において，教団創立25周年を記念いたしました。今やわたくしどもの真剣な課題は「明日の教団」であります。わたくしどもは，これを主題として，教団が日本及び世界の将来に対して負っている光栄ある責任について考え，また祈りました。

まさにこのときにおいてこそ，わたくしどもは，教団成立とそれにつづく戦時下に，教団の名において犯したあやまちを，今一度改めて自覚し，主のあわれみと隣人のゆるしを請い求めるものであります。

わが国の政府は，そのころ戦争遂行の必要から，諸宗教団体に統合と戦争への協力を，国策として要請いたしました。

明治初年の宣教開始以来，わが国のキリスト者の多くは，かねがね諸教派を解消して日本における一つの福音的教会を樹立したく願ってはおりましたが，当時の教会の指導者たちは，この政府の要請を契機に教会合同にふみきり，ここに教団が成立いたしました。

わたくしどもはこの教団の成立と存続において，わたくしどもの弱さとあやまちにもかかわらず働かれる，歴史の主なる神の摂理を覚え，深い感謝とともにおそれと責任を痛感するものであります。

「世の光」「地の塩」である教会は，あの戦争に同調すべきではありませんでした。まさに国を愛する故にこそ，キリスト者の良心的判断によって，祖国の歩みに対し正しい判断をなすべきでありました。

しかるにわたくしどもは，教団の名において，あの戦争を是認し，支持し，その勝利のために祈り努めることを，内外にむかって声明いたしました。

まことにわたくしどもの祖国が罪を犯したとき，わたくしどもの教会もまたその罪におちいりました。わたくしどもは「見張り」の使命をないがしろにいたしました。心の深い痛みをもって，この罪を懺悔し，主にゆるしを願うとともに，世界の，ことにアジアの諸国，そこにある教会と兄弟姉妹，またわが国の同胞にこころからのゆるしを請う次第であります。

終戦から20年余を経過し，わたくしどもの愛する祖国は，今日多くの問題をはらむ世界の中にあって，ふたたび憂慮すべき方向にむかっていることを恐れます。この時点においてわたくしどもは，教団がふたたびそのあやまちをくり返すことなく，日本と世界に負っている使命を正しく果たすことができるように，主の助けと導きを祈り求めつつ，明日にむかっての決意を表明するものであります。

1967年3月26日　復活主日

日本基督教団

総会議長　鈴木正久

目次

第3部　資料編　各教派・団体の戦争責任告白　127

あとがき
戒能信生　

まえがきに代えて

戦争責任告白と一人の牧師

雨宮栄一

1

編集者から求められたのは「まえがき」であったが、むしろこの書物への多くの読者の理解を得たいがために、名もない一人の教団牧師の生涯にとって、あの「戦争責任告白」がいかなる意味を持ったのかを記し「まえがき」に代えたい。

日本基督教神学専門学校を卒業して、最初に赴任したのは一九五三年春、東海教区の山梨教会であった。敗戦後八年目である。熊野義孝教授は、卒業する我々に向かって「君たちは教会に赴任したら、初めの五年間は、教区の仕事を一切するな、むしろ勉強しなさい」と語った。これ幸いとばかりに勉強したかどうかはすこぶる怪しいが、教区の仕事は五年間すべて断り通した。省みて、当時の教区の諸先輩は、私のわがままに対して寛容であったと思う。しかし六年目からは、約束通りに教区から与えられた青年部の仕事に従事することになった。

当時の日本基督教団の諸教会は、道を求める青年たちで溢れていた。戦争中に洗礼を受けていた当時の私も、その青年たちの一人であったと言えよう。彼らは、つい先頃まで、天皇制国家の中で、軍国主義教育を受けてきた人間である。その示す価値観に人生を賭けてきた人間である。大東亜共栄圏の形成という名のもとに、東南アジアの諸民族を侵略し、軍部独裁政権の謂うがままに生きてきた人間である。愚かといえば愚か、哀れといえば哀れな人間であった。幸いにキリスト者の家庭に生まれ育った私は、いくらかの批判を心に懐きながら、軍国主義政府を眺めていたことも事実であった。しかし何はともあれ、一九四五年の敗戦は、その若者たちにとって今までの生きる価値観の崩壊を意味することでしかなかったし、今までの生きる指針の喪失と言っても差し支えない。

その青年たちのうち、少なからざる者たちが新しい価値観を求めて、つまり新しい生き方を求めて教会の門を叩いたのである。したがってこの時期にキリスト教会の門を叩いた青年たちは、ほとんどの場合、敗戦後の日本の平和国家の形成と、自己の新しい生きる指針の形成とが内面的にまさに一つになっていた。そのような青年が教会に多く来ていたのである。したがって一九五四年の第八回教団総会において、「生活綱領」が定められた時、その第五項に「神にみ旨にしたがって、国家の道義を高め、国際正義の実現をはかり、世界平和の達成を期すること」という項目が入れられたのもごく自然なことであったし、同年五月にはアメリカのビキニ環礁水爆実験に際して、アメリカの諸教会に抗議の一文を送ったことは当然なことであった。しかし戦時中、教団があの戦争に協力して来たという事実は、背中にずっしりとした重荷のようにのしかかっていたことは否定しようがなかった。

2

話は元へ戻るが東海教区で青年部のお手伝いをするようになってから、これまた自然に、当時教団にできていた「青年専門委員会」（当時の教団には、他に職域、農村、婦人専門委員会があった）に関わるようになり、またこの四つの専門委員会を束ねる「総合伝道委員会」にも顔を出すことになった。あるいは「教団機構改革員会」に臨時に陪席した時かもしれない。

その時である。私には異常としか言いえない場面に遭遇することになったのである。と言うのは、その「機構改革委員会」の委員長として采配を振るっていた人は、戦時中日本基督教団の「統理」をしておられた方であった。富田満氏である。何とも驚いた集会であった。戦争中、戦争協力を惜しまなかった指導者が、そのまま敗戦後の教団の機構改革の指導的役割を果たしているのである。戦争中、軍部に協力を惜しまなかった指導者が、敗戦後の教団機構改革の責任者なのである。

特に自分の目を疑ったことは、戦争中の教団統理は「日本基督教団より大東亜共栄圏に在る基督教徒に送る書翰」を送った人物である。この書簡は、最初公募された。少なからざる人々がこれに応じたが、第一等として入選する者なく、二等二名、三等三名、佳作五名、選外佳作五名で終わり、それらをアマルガムしてまとめ、日本基督教団統理者の名によって「書簡」を送ったその人物である。内容は当然のことながら、英米を批判し、その教会を偽善的であるとしている。そして大東亜共栄圏の意義を認め、戦争協力を求めている書簡である。この書簡を書き送った人物が、敗戦後の教団の機構改革委員会の委員長をしているのである。これには全く驚かされた。

当時の四個の専門委員会は、それぞれ大きな伝道構想を描いていた。職域伝道委員会は今までの教団の伝道に欠落していた労働者への伝道を目指したし、農村伝道は今までの教団の伝道の視野になかった農村伝道に食い込むために何をなすべきかに努力していた。婦人伝道委員会を見てほしい。竹森満佐一、吉田満穂、鈴木正久、高倉徹、岩村信二、阿部志郎、飯坂良明を講師として一九六七年五月、青山学院において全国婦人大会を開催した。集まるもの三〇〇〇名であった。いずれも新しい伝道領域を模索しながら、同時に平和国家を目指したのである。他方、青年活動も同様であった。各個教会の青年活動を基礎に置き、各支区・各教区の枠を超えて、全教区の学生、青年が「第一回全国青年宣教大会」を、富士見町教会、青山学院で開催したのが一九五四年九月である。ここに集まった青年、学生は、講師として桑田秀延、鵜飼信成、鈴木正久、飯坂良明らを招き、いかに青年、学生に宣教展開するかを学びつつ、当然のことながら日本基督教団の戦争協力の過ちを批判的に回顧せざるを得なかった。そのような専門委員会である。そして機構改革の結果、なんとそのような専門委員会を総合する「総合伝道委員会」の委員長の席に、戦時下の戦争協力の責任者である元・教団統理者が着くのである。誰でも違和感を感じざるを得ない事態であった。

戦争に協力した日本基督教団の責任は、誰も責任が問われていない。敗戦前の日本の政界、教育界、財界では公職追放等、不十分ながら戦争責任が問われた。キリスト教会は良心的な集団である。誰かの手によってではなく、自らの手でなされるべきである。それがなされていないのである。

現に敗戦後の「ドイツ福音主義教会」は自らの手によって「非ナチ化」を行った。ナチスに協力し

「ドイツ的キリスト者信仰運動」に走った教職は、教会自身の手によって追放、停職処分に付されている。良心的な集団である教会として当然の処置である。

3

もちろん日本基督教団の名誉のために付言しなければならない。一九六七年の戦争責任告白まで、教団においてもその第一歩と見られるしるしがある。それは敗戦直後、教団においても、若手、中堅の教職により「福音同志会」なるものが結成され、教団総会開催が要求されたことである。敗戦半年後の一九四六年一月二五日である。呼びかけの文章はかなりの長文なので冒頭の部分を引用すると、次のように記されている。

拝啓
私共は日本基督教団に属する教職であります。この教団の成立以来、殊に此度の戦争の間は私共お互い一方ならず此の教団に就て考へさせられました。又深く憂へさせられて参りました。しかも今、敗戦の祖国の中にあり、教会が今立たねば立つ時はないのであります。対外的、対内的に教会自体の問題も山積して居ります。にも拘らず終戦後今日に至るまで私共の日本基督教団によって積極的に何が主張され、又何が立案されてゐるでありませうか。戦争中「必勝祈願礼拝」に声を涸した幹部が今突兀として平和建設連盟の趣意書を配布してゐるという状況であります。

そしてこの呼びかけの文章は、正式に各教区から総会議員を選出し、教団総会を開き戦争中の総括を求めたのである。しかし教団執行部はまことに官僚的な答弁で、これを避けた。この福音同志会に名を連ねている方は、大村勇、深津文雄、福田正俊、菊池吉弥、岡田五作、柏井光蔵、小川貞昭、三井勇、鈴木正久、藤田昌直、吉田満穂たちであった。やがて戦争中の指導者に代わり、一九五〇年、六〇年代から教団において指導的な役割を担った人々である。これらの人たちが教団内で指導的な役割を担うようになって、教団は戦時中のように政府の言うなりになることを止めた。そしてその時々、政府の反動的な言辞、行動に対して反対の声明を提示した。二、三のものを例に挙げると次のようになる。

「時局に対する日本基督教団の声明」（一九六二年一〇月）
「日韓会談反対に関する建議」（一九六二年一〇月）
「キューバに対する武力封鎖中止要請に関する建議」（一九六二年、第一二回教団総会）
「広島原爆孤老ホーム建設の件」（一九六八年、第一五回教団総会）

また教団のこの世界に対する積極的な主張もさることながら、「明日の教団」をめざして自己形成をするようになる。しかし、明日の教団を目指して教団が歩む場合、教団の過去における戦争責任を自ら告白する必要がある。多くの若手の教職も同様な考えを抱えていた。

その意味で記憶されるべきは一九六六年八月二九日から九月三日にかけて開かれた第一七回夏期教師研修会である。これは各教区から推薦された神学校卒業五年から一〇年の若手教職五、六〇名を集めて「明日の教団」という主題で開かれた。校長は時の伝道委員長鈴木正久である。信仰職制委員会も協力したからであろう。鈴木正久校長は、同委員会の書記をしていた私に向かって、これからの教団の信仰職制について、君の考えを話をするようにとのことである。何を話したか記憶にないが、そのテーマをめぐって盛んな議論がなされたことは忘れていない。

私は、自分の責任を果たしたが、教会員の突然の不幸の知らせがあり、会を途中で退席した。したがってこの会議において、会議の参加者たちから、戦争中の責任を明らかにすべきこと、沖縄キリスト教団との合同の主張がなされたことは、後になって知らされた。教団の戦争責任をかねがね主調していた鈴木正久と「明日の教団」を真剣に考えていた若手の教職が話し合えば、当然の帰結であろう。これが次の大阪における第一四回教団総会に建議された。この総会に先立って行われた、教団の二五周年記念大会記念講演「明日の教団」においても、講師・鈴木正久は戦争責任の告白なくして明日の教団のないことを情熱的に強調した。それは聞く私たちの心を打つと同時に、これなくして「明日の教団」はありえないと痛感したものである。したがって、この第一四回教団総会において常議員会に付託され、これを受けて第三回常議員会は、総会議長鈴木正久の名において「第二次大戦下における日本基督教団の責任についての告白」が発表されたことは当然のことであった。私の友人である佐々木悟史牧師は、当時「これで教団のために死ねる」と私に語ったが、ひどく感覚的な表現であったが、その気持ちは十分過ぎるほど理解できた。そしてその気持ちは、当時の諸教会で伝道牧会の第一線で労苦していた多くの教職・信徒の共有するところであった。

4

このようにして「戦争責任告白」は、日本基督教団において告白された。これは教団の歴史においても、否、日本のプロテスタント教会史においても注目すべき出来事になったと言ってよい。そしてその後実際に、日本のプロテスタント教会の多くの教会は、名称は別としても、自分たちの教会の戦争責任を告白した。単なる真似ではない。多くの教会内においても議論され、時が満ちたというべきであろう。海外の諸教会も注目したし、それなりの評価をした。

この「戦争責任告白」は、日本のプロテスタント教会の歴史において、画期的な出来事になったと思う。歴史は忘却の彼方に埋没する運命を持つが、この「戦争責任告白」はそうはならない。そうさせてはならない。

当然、この「戦争責任告白」に反対する人たちもいたし、今もいる。ある教団議長は、「戦争責任告白」から「教団の荒野の四〇年」が始まったと述べたそうである。教団の歴史はその通りであったであろう。神の民の群れは、平和な静穏な道を選んで歩むものであろうか。その時に、教会は頽落した。教会にとって、荒れ野を歩むことは、そんなに忌避すべきことであろうか。戦争中の日本基督教団は、戦争という荒野を直視せず、それに迎合する道を、つまり平穏な道を選択した。教会は荒野に生きるとき、純粋な信仰に生きる。

第1部　論考

「戦争責任告白」五〇年

佐藤司郎

1

「罪責告白」ないし「罪責宣言」——表現の形式は他にいろいろあるとしても、教会の過去の、あるいは過去から現在へと至る罪とその責任を公に明らかにして、悔改めの新たな道を歩もうとする動きは、二十世紀教会史の特徴ある出来事に属するのではないだろうか。それに匹敵する時代を私はすぐには思い浮かべることが出来ない。『シュトゥットガルト罪責宣言』（一九四五年一〇月）を嚆矢として、ドイツ教会では、『ダルムシュタット宣言』（一九四七年七月）、ラインラント州教会の『キリスト者とユダヤ人の関係更新のための決議』（一九八〇年一月）とつづく。シュトゥットガルトでは教会の戦争責任が、ダルムシュタットでは教会の反共主義が、ラインラント州教会決議では教会の反ユダヤ主義が罪責として告白された。カトリックはどうであろうか。第二バチカン公会議の第二会期の開始にさいしてなされた教皇パウロ六世の演説が思い起こされる（一九六三年九月）。彼はそこでキリスト教が分裂していることにカトリック教会にも責任の一半があることを認め、神の赦しを乞うとともに、

「兄弟たち」の心を傷つけたことを謝罪した。じっさいこの会期において『エキュメニズム教令』の主な部分が採択された。さらに重要なのは、ヨハネ・パウロ二世のもとで、二〇〇〇年（大聖年）三月に出された『記憶と和解――教会と過去の過ち』である。教皇自身が大聖年のミサでイスラエル民族に対する罪責を含む過去の過ちを告白し神に赦しを求めた。もう一つ、二〇一〇年ルーテル世界連盟が総会で宗教改革時代の再洗礼派メノナイトの迫害について赦しを求めたことも思い起こされてよい。

こうした世界の流れの中で、世界教会の一つの方向性ははっきりしているように思われる。一九六七年三月、戦後二二年たって、日本基督教団が「戦争責任告白」（以下「戦責告白」と表記）を公にしたことは、たとえその告白文に曖昧さがあり、問題があり、限界があったとしても、第二次世界大戦という人類の犯した恐るべき罪悪に対して世界教会とともになした一つの誠実な反省であり、悔改めであったことは間違いない。「悔い改めよ。見よ、わたしは戸口に立って、たたいている。だれかわたしの声を聞いて戸を開ける者があれば、わたしは中に入ってその者と共に食事をし、彼もまた、わたしと共に食事をするであろう」（黙示録三・一九～二〇）。「戦責告白」をもって教団は戸をたたく主の呼びかけに応えた。教会の使命を新たに自覚しつつ主とともに明日へ向かって歩む決意を明らかにした。もし「摂理」という言葉を用いてよいとすれば、この決意に対してこそ使われるべきであろう。人間の混乱をつらぬいて、そしてそれを用いてでも神はその み旨を示されたのだから。一九六七年の「戦責告白」の歴史的・教会的必然性とその意義は疑うべくもない。それどころか、あの時に教団の「戦責告白」が出されたということに、時間の経過とともにわれわれはいよいよもって感謝の思いを新たにせざるをえない。教会の拠るべき立場と進むべき道とがそこに明示されたのだから。

2

教団「戦責告白」は戦後二二年にして公にされた。「先祖の時代から今日まで、わたしたちは大きな罪科の中にあります」（エズラ九・七）という認識に至る過程は、むろん教会によって、その歴史によって、状況によって異なるであろう。「われわれは……長い年を通して戦ってきた。しかしながら、われわれは自らを告発する。われわれがもっと大胆に告白しなかったことを、もっと忠実に祈らなかったことを、もっと喜んで信じなかったことを、そして、もっと燃えるような思いをもって愛さなかったことを。今こそわれわれの教会のうちに、新しい出発がなされなければならない」（シュトゥットガルト罪責宣言）。日本の教会がこうしたところに立ち得なかった根本の理由は、結局のところ日本の教会が「長い年を通して戦ってきた」と言えなかったからである。戦時体制の抑圧から解放され、同時にキリスト教国アメリカの占領下に置かれた戦後の日本のキリスト教は伝道の最大好機到来として日本のキリスト教化を夢想し、戦争責任をアメリカのミッショナリーからも問われることなく、自らそれに思い至るいとまもなかった。かくて教会の罪責は早い段階で大きな問題となることはなかった。沖縄教区を切り離すことも政治の変化に伴う一つの措置というにすぎなかったのであろう。

こうした中でしかし、徐々に日本の教会に罪責の自覚がもたらされて行った。第十四回教団総会

（一九六六年一〇月）に提出された「教団として戦争責任に対する告白を公けにすることの建議」の文言を用いれば、「教団の戦争責任の問題は、身を切られるような信仰の決断に立たねば手をつけることの出来ない問題であります。すでに、日本の教会の一部では様々な形でこの問題が問われ続けてまいりました。……戦争責任を問う問題は論じられただけではなく実践的な課題として受けとめられてまいりました。……教団の宣教基礎理論としての『体質改善論』『伝道圏伝道』さらに日本の歴史形成全体への責任としては憲法擁護声明、また、国際的な責任としては、ベトナム戦争の終結のための努力に加わるという形でその糸口がつかまれてまいりました」。ここに言われる「すでに」のこととしてわれわれは、一九五〇年の朝鮮戦争勃発を契機として結成された「キリスト者平和の会」などの平和運動も「糸口」として上げてよいし、上げなければならない。じっさいその発足に当たって発表された「平和に関する訴え」（一九五一年二月）には教会の戦争責任へのもっとも早い言及が見られる。加えてもう一つ、戦後、それまで不足していた国外の教会・神学情報に新たに接し、ドイツ教会闘争の研究が進んだことを上げておきたい。とり分けボンヘッファーの罪責告白の神学は一九六七年の「戦責告白」に直接影響を与えた形跡は見られないが、その後の「戦責告白」理解とそれを出発点とする教団の宣教の歩みに深い影響を与えることとなった。「戦責告白」は宣教と神学を巡るこれら真剣な論争ないし闘いという「前歴史」をへて、一九六七年復活節、一九四四年復活節に発表された「大東亜共栄圏にある基督教徒に贈る書簡」を否定・克服するという意味を込めて発表された。

3

問題は、そこで告白された罪責は何か、そしてそれらはわれわれにどのような特定の態度決定を命じているかということであろう。

「戦責告白」が言い表した罪責は、つまるところ二つであった。一つは教団成立の事情に関わるものであり、もう一つは、戦時下、教会が国家に対してとった態度に関してであった（「わたくしどもは、教団成立とそれにつづく戦時下に、教団の名において犯したあやまちを、今一度改めて自覚し、主のあわれみと隣人のゆるしを請い求めるものであります」）。両方ともきわめて重い、文字通り「身を切られるような信仰の決断に立たねば手をつけることの出来ない問題」であった。

第一の問題は、本稿のはじめに任意に言及した世界教会の罪責告白にも見られない、自らの存在そのものを問う、問題としてとくに厳しいものであった。「あらためて教団を解散しようという提案をするのが当然の帰結となりはしませんか」（「教団の現状を憂い鈴木議長に要望する書」一九六七年五月）という批判的な反問も投げかけられた。いずれにしても「戦責告白」は一方でたしかに、教団が当時の国家権力の「要請を契機に」――「契機に」というのは曖昧だが、要するに要請に自ら従って成立したことを認め、それを「わたくしどもの弱さとあやまち」としてその罪責を明らかにした。しかし他方「戦責告白」は、そうした一連の事態を「歴史の主なる神の摂理」として、その全体をいわば括弧の前につけられたプラス符号で括ったのである。その結果、罪とからむ成立事情とそこに含まれる問題性は少しかすんでしまった。また本来そこからこそ議論は始まらなければならなかったのに、『日本基督教団資料集』（第5編）に収録された一九六六～六八年の諸資料を瞥見するかぎり、遺憾ながら、対話は途絶した。

それでも教団の成立を「歴史の主なる神の摂理」とするのは間違っていないと思う。その通りであろう。教団の存在は否定されない。しかしその存在は、「弱さ」ゆえに「あやまち」を犯した教団がただキリストのゆるしの恵みによってあるということであって、既成事実として肯定される性質のものではない（井上良雄）。罪責の認識がそこに内在する。そしてこの認識は、ボンヘッファーが教えているように、自分の力でなす認識でないがゆえに実りをもたらす。「この罪責の認識が現実となる場所が、教会である」（「罪責・義認・更新」一九四〇年）とすれば、教団をそうした場所として示したのが「罪責告白」であった。

「摂理」に関して一つ述べておきたい。鈴木議長は「摂理」をこう説明している、「摂理というのは、人間の罪にもかかわらず、その罪さえも逆用して遂行される主のみ旨であります」（「明日の教団」一九六六年一〇月）。これは間違った説明ではない。それを受けて飯清・木村知己両氏による『「議長書簡」をおくるにあたって』という文章でも「『摂理』とは、単に現状肯定の意味ではなく、人間の混乱と罪にもかかわらず、それをも用いて遂行される主のみ旨であります」と敷衍した（一九六七年三月）。これもまた間違いではない。しかしこれは今日もっと別の観点からも強調・補強されなければならないように思われる。摂理論はそもそも何か敬虔な理論や観念ではない。そうではなくてもっと実践的なものである。カール・バルトは一九五〇年の『創造論』において、摂理論をキリスト論に基礎をおく信仰論として明らかにした。「キリスト者が、信じ、服従し、祈るところ……そこでは神ご自身が生けるものとして、その愛、知恵、力全体の中で舞台に登場し給う。そこでは、われわれは支配の座のただ中におり、世界の出来事全体の秘儀と意味のただ中にいる」。これを受けて宮田光雄氏はこう書いている、「神の世界支配は、終末の日にいたるまで直接的に目に見えるものとはならないだろう。したがって、摂理に対する信仰は、この世においては、最終的な保証をもたない信仰の冒険にとどまるであろう」(『カール・バルト』)。教団成立を「歴史の主なる神の摂理」と告白することは真実の教会形成の課題をともににになう信仰の冒険をわれわれに求める(「……摂理を覚え、深い感謝と責任を痛感するものであります」)。

第二の問題は、戦時中に国家に対してとった教会の態度・教会の在り方であった。「戦責告白」のこの部分は一つの事柄が二つの側面から言い表されている。一つは「あの戦争に同調」し、「教団の名において、あの戦争を是認し、支持し、その勝利のために祈り努めることを内外にむかって声明」したことであり、その意味で「戦責告白」は「祖国」の犯した罪に連帯していることを表明した。もう一つは世の光・地の塩である教会が「キリスト者の良心的判断によって、祖国の歩みに対し正しい批判を」なさず、その意味で「『見張り』の使命」をないがしろにしたという自らに向けられた批判であった。こうした戦争協力の問題に関しては、第一の問題と違って、「戦責告白」に批判的主張をなした文書にも、「五人委員会答申」の文書にも有効な批判はあまりない。むしろその両者とも「戦責告白」に率直に賛意を表したことを、われわれは忘れがちになるけれども忘れてはならないと思う。前者はその文書の冒頭で「われわれは、戦後二十年を経た今日においても、戦争当時を追想すれば、主キリストの前に、深い懺悔を表明せざるをえません」（「教団の現状を憂い鈴木議長に要望する書」）と述べ、後者は「（キリストの王権を守るための）この戦いに徹することができなかったこと、この見張り役に怠りがあったことについて、私たちは率直に告白せねばならないと思います。大祭司たるキリストのとりなしを仰ぎ求めつつ」（「『第二次大戦下における日本基督教団の責任についての告白』をめぐって／日本基督教団『五人委員会』」一九六七年九月）と記している。具体的にどういう出来事があってこうした告白となっているかはここで触れる余裕はない。関東教区の刊行した『罪責を告白する教会——真の合同教会を目ざして』（二〇〇六年初版、二〇一四年増補改訂版）を参照することをお勧めしたい。同教区のこの企て自身が「戦責告白」の一つの実りであった〔傍点は筆者〕。

4

周知のように「戦責告白」が生み出した具体的かつ直接的な成果の一つが原爆孤老ホーム清鈴園の建設（一九七一年）であり、また沖縄キリスト教団との合同であった（一九六九年）。それゆえ七〇年代末に始まる「合同のとらえ直し」の問題は、本来「戦責告白」の意味を生かして解決がはかられるべきであるのに、いまもって混迷の中にあることはまことに遺憾としなければならない。

過去の「重荷を整理し」（「『議長書簡』をおくるにあたって」）「戦責告白」をもって前進しようとした「明日の教団」（一九六六年、第十四回教団総会・教団創立二十五年記念大会）への歩みは、鈴木正久議長の死もあり、万博キリスト教館問題、六〇年代末のキリスト教主義諸大学での、さらには東京神学大学の紛争、それにともなう教団内の対立の激化などにより、歩むまもなく困難と苦しみの中に放り込まれた。罪責告白の教会的・神学的、またエキュメニカルな探究と深化によって熟成がはかられるべきであったのに、そのいとまはなかった。「明日の教団」で鈴木正久は三つのことを課題として掲げている。一つは「平行主義」からの脱却、二つ目は「真の人間を作り出す宣教」、そして三つ目は宣教がよりよくなされるための合同教会の形成であった――いずれも今日われわれが掲げてなお適切・的確、勝れた課題設定と言わざるをえない。とりわけ平行主義との訣別は、すでに「宣教基本方策」「宣教基礎理論」において明らかになっており、「戦責告白」の基本的視座を構成し、その展開がとくに期待されていたものであったに違いない。「平行主義というのは、ちょうど鉄道のレールのようなものであります。こっちに日本の社会の問題がある、あるいは政治、経済の問題がある。だが、それと全く並列的に、不即不離に教会というものがある。……教会はどれだけそれと本当に交錯して生きていたろうか」(「明日の教団」)。むろんただ「交錯」して生きればよいという問題ではない。教会の壁の外でも、すなわちこの世界においても、イエス・キリストを唯一の主として歩むということである。「キリストに仕えるゆえにこの世に奉仕」することである(宣教基本方策、一九六一年)。あるいは私はこんなことも思い起こす。バルトは戦争中の神学的論説・書簡などを集めて戦後最初に出版した本(『一つのスイスの声』一九四五年)の序文で、こう記している、「ご自身の教会におけるイエス・キリストただひとりの支配への告白――それはかつて一九三四年バルメンにおいてわれわれの喜びでありわれわれの挑戦であったのだが――は、この世における彼ただひとりの支配への告白として継続され遂行されることが欲せられていた」。教会におけるただひとりの主としてイエス・キリストを告白する、これはわれわれの基本の信仰告白に属するであろう。そしてそこから必然的にキリストをこの世界の主として告白することが帰結する。それに対してわれわれは十分誠実であったのだろうか。そのことを「戦責告白」は「見張りの使命」をないがしろにしたという言葉で自問し、罪責として言い表した。

いつからそんなことになってしまったのだろうか——福音への信頼ではなく恐れからする平行主義、そう評せざるをえないのは、現行の宣教基本方策（一九六一年）と宣教基礎理論（一九六三年）の改訂を目指すとして二〇一三年に発表・配布された「改訂宣教基礎理論」の案文である。その第二次草案は「Ⅵ宣教の目標」で「教会と国家との関わりがどうなっているか」を考察しているという。その「2　日本社会および世界が神の国を映し出すこと」とその「3　神に栄光を帰すべきこと」がそれに当たるのであろう。この草案は、キリスト者が「この世に生きている間は、なお国家・社会に帰属し、その建設や持続や改善の責任の一端を担っている」（3の③）ことを知っているし、キリスト者のこの世への関わり方がこの世の人々と根本的に異なり「福音を証しする存在として、福音の前進のために関わろうとする」ものであることも明らかにしている。宣教をいちじるしく妨害するような「国家に抵抗」し、信仰告白のゆえに「体は殺しても、魂を殺すことのできない者ども」を恐れず「むしろ、魂も体も地獄で滅ぼすことのできる方を恐れ」つつ神に栄光を帰す（3の④）とも確言する。しかしもしそうであるなら「教会が教会として世界平和や国家・社会に関わる関わり方は、基本的には、神の言葉を宣べ伝えるという関わり方に限定されています」（2の④）というのは否定的・消極的にすぎるだけでなく、むしろ間違った言い方なのではないだろうか。そしてそれはいまここでの教会の政治的決断をも不可能にしてしまわないだろうか。「改訂宣教基礎理論」案文は要するに「見張りの使命」を落とした。しかし教会はまさにそれをもってはじめて国家や社会と責任的に関わるのである。国家をラディカルに否定する道も、妥協する道も教会は歩まない。むしろその時々の状況の中で真剣に聞き、また祈り、与えられた政治的共同責任を果たす。

さて「戦責告白」発表以来いまや五〇年が経過し、戦後も七二年を迎えた今日、一方で戦争を経験した世代が急速に減少し、戦時下の教会を知る会員も少なくなった。昨年八月第一週私は、ある教会で聖餐式の奉仕を依頼されたさい、礼拝後、戦争の頃を語る会に遭遇し貴重な話を聞くことができた。しかしこうした機会もどんどん減って戦争はますます遠いものと感じられている。そしてそのことが日本の社会にある変化をもたらしていることをわれわれも認めざるをえない。他方そうであるからこそ戦争を記憶にとどめ、平和を希求し祈りつづけている人々も少なくない。教会こそ、そうした証しと祈りの共同体として立っていくべきことは言うまでもない。こうした意識を喚起する上で、過去に目を閉ざさないことを訴えたヴァイツゼッカー大統領演説「荒れ野の四十年」（一九八五年）は戦後七〇年の一昨年にも取り上げられ一定の役割を果たした。教団「戦責告白」も過去を直視し教団の「明日」を拓こうとする試みであった。むろん告白文には曖昧な点もあったけれども、しかしそれらを手引きに教団の歴史を若い世代とともに「責任」をまず問うというのではなくて、なぜそのようになったかを若い世代とともにしっかり学ぶこと、それが、いまもっとも大切なことであるように思う。われわれの世代には、その立場のいかんにかかわらず、みなそのための責任があるのだから。

（さとう・しろう　東北学院大学教授）

戦後七〇年と福音派諸教会の戦責告白

山口陽一

はじめに

ここでは日本福音同盟（ＪＥＡ）に参加する福音派諸教会の「戦責告白」を取り上げる。日本福音同盟は一九六八年に日本福音連盟、日本プロテスタント聖書信仰同盟、日本福音宣教師団（ＪＥＭＡ）の三団体により設立された。日本福音連盟は戦前からの歴史を有する純福音派（ホーリネス系）、日本プロテスタント聖書信仰同盟は一九六〇年に設立された聖書信仰推進のための運動体、日本福音宣教師団は戦後来日した福音主義宣教団体の連合である。

1　「日本宣教百年記念聖書信仰運動大会宣言」(1)

この三団体には戦責告白のためのそれぞれの要因がある。日本福音連盟には一九四二年以降のホーリネス弾圧の経験があり、日本プロテスタント聖書信仰同盟は一九五九年の「日本宣教百年記念聖書信仰運動大会宣言」を継承、日本福音宣教師団の宣教師の中には戦中の神社参拝に対する批判があった。ここでは「日本宣教百年記念聖書信仰運動大会宣言」に注目したい。

聖書、即ち万物の創造者であり、又人類歴史の支配者である神の誤りなき御言葉によって、我らは茲に日本の国に於ける福音宣教百年記念に当って、次の宣言をなし、来るべき宣教第二世紀の為に立てる、我らキリスト者の証しの言葉とする。

一、我らは過去百年間、キリスト者として、個人生活的にも、亦国民生活的にも、一切の偶像崇拝を廃棄すべき聖書の命令に応えることに於いて、欠けたところの多かったことを神の前に反省し、痛切なる悔改めを告白する。

二、我らは聖書によって、国家と教会が、共に神の主権の下に立つ、二種の相異なる正当な秩序であることを認め、政教分離の原則に基づき、信教自由の基本的人権を保護する現行憲法を、その点に関して聖書的と認めて支持する。

三、我らは我が国に於いて、右の政教分離の原則が無視され、信仰の自由が甚だしく圧迫された過去にかんがみ、今後国家行事の中に、宗教的要素の混入することのないように監視し、かかる過誤の排除に積極的に努力する。殊に伊勢神宮は宗教であるが故に皇室との密接なる関係、或いは国民の精神的中心、或いは先祖崇拝の美風、等の如何なる理由又は名目によっても、国家の特別待遇を受くべきでなく、又かかるものとして国民一般に強制されてはならないことを、重要なる点として強調する。

以上の三点を貫いて、国家と教会との正しいあり方のために、我らは一つの聖書信仰によって、協力して信仰のよき戦いを戦うことを誓う。

ここではもっぱら偶像礼拝を悔い改め、政教分離を守ることが宣言されている。その一方、一九六七年の「第二次大戦下における日本基督教団の責任についての告白」とは対照的に、戦争への協力への言及やアジアの人々への謝罪のことばはない。ここに福音派の関心事が表れていると言えるが、次のような事例もある。

のちに聖書キリスト教会を設立する尾山令仁は、一九五八年から翌年にかけてフィリピンへの謝罪旅行を行い、その後も日本軍が侵略した国々への謝罪訪問を続けていた。その尾山が中心となり一九六五年から韓国水原の堤岩教会への謝罪と会堂再建のための募金運動が行われた。堤岩教会は一九一九年の三・一独立運動のとき日本軍によって住民二三人が会堂に閉じ込められ焼き殺された教会である。この時期の先駆的な謝罪行動は被害者の遺族たちの反対を受けた。それでも一九七〇年に教会堂と記念館の建設がなされ、遺族との和解も果たされた。尾山は一九九七年に北朝鮮への謝罪運動に取り組み、北朝鮮の教会に多額の支援をしている。(2) これは福音派の素朴な信仰実践であり、戦責告白という形をとらない「戦責告白」の実践であった。

2　一九六七年以降、戦後五〇年まで

「第二次大戦下における日本基督教団の責任についての告白」の後、日本基督教団は「戦責告白」を巡る混乱から長い対立に突入する。福音派の諸教会は、主流派教会のこうした動きとは一線を画した。日本福音連盟の人々は、弾圧の中で「殉教」者を出した誇りを強く持っていた。日本プロテスタント聖書信仰同盟と日本福音宣教師団には戦後の人々が多く、総じて日本基督教団への対抗エキュメニズムとして結束を強める傾向にあり、教団の混乱を反面教師として伝道を優先し、これに専心していた。

そのような福音派も信教の自由の問題には敏感で、一九七〇年代の靖国神社国営化法案反対運動には各団体が靖国問題特別委員会を設けてこれに参加した。信教の自由、政教分離をめぐる闘いは、やがて「教会と国家」のテーマとして教会の自律性の課題ととらえられるようになる。その際、福音派は日本キリスト改革派教会や日本キリスト教会、日本長老教会など、改革派の神学に「抵抗権」の思想を学んでいる。八〇年代に入ると市民運動への参加と共に、より教会的な集会がみことばと祈りを重視して行われるようになり、神社参拝の悔い改めに基づく韓国教会との交流も盛んになった。戦後四〇年の一九八五年には、池明観氏を迎えて行われた「朝鮮の神社不参拝殉教と日本の教会——戦後四〇年・悔い改めと祈祷に向けてのつどい」が、福音派の人々を中心に開催された。八七年には神社不参拝の出獄生き証人として孫明復牧師、八八年には趙壽玉勧士、八九年には姜信範牧師を迎えてい

る。こうした営みは、「朱基徹記念の集い」に継続され、二・一一ヤスクニ反対運動、八・一五平和運動への参加に加えて、福音派の歴史認識の深化に寄与した。日本同盟基督教団では所属教会から戦時下の国民儀礼を記した週報が発見され、一九八九年に「日本同盟基督教団の戦争責任」を考えるシンポジウムが開催され、自らの教団の罪責を神の前に検証する作業が進んだ。

3　戦後五〇年の戦責告白

一九九〇年の大嘗祭において天皇の偶像性が再認識され、戦後五〇年を迎えた一九九五年の前後には、福音派の諸団体から戦時下の罪責告白が相次いで出された。ワイツゼッカーの「荒野の四〇年」から戦後五〇年の村山談話に至る戦責表明の流れがあり、教界内の世代交代も悔い改めを促した。半世紀をかけて戦争責任の認識が深められた結果としてのこの時期の宣言は、次代に継承されるべきものとして貴重である。ここでは戦後の教会の告白として日本福音キリスト教会連合、戦時下に弾圧された教会の戦責告白として日本ホーリネス教団、また日本同盟基督教団のそれを中心に紹介する。(3)

①「第二次大戦における日本の教会の罪責に関する私たちの悔い改め——戦後五〇年を迎えて」（一九九五年四月二七日、日本福音キリスト教会連合第二回全国総会）

日本福音キリスト教会連合は、一九九二年にリーベンゼラ・キリスト教会連合、日本新約教団、単立キリスト教会連盟、北海道福音教会協議会により設立された教会連合であり、四者それぞれの沿革にさかのぼっても戦後の教会である。単立キリスト教会連盟には舟喜順一、井出定治など戦中派の牧師がおり、彼らに育てられた戦後の牧師たちが戦争責任や政教分離の課題を継承して学びを続けていた(四)。「悔い改め」は前文で戦後の教会が罪責を告白する理由を次のように語る。

私たち日本福音キリスト教会連合は、教会の唯一のかしらであるイエス・キリストの名のもとに日本の教会に結び合わされています。それゆえ私たちは、戦後五〇年を迎えるにあたり、第二次世界大戦とそれに至る過程、また今日までの歩みを省みつつ、私たち日本の教会が犯した罪責に関して、主の御前に以下のとおり告白し悔い改めます。

「私たち日本の教会は」を主語にした「悔い改め」は、前半では「国家神道体制の下で、天皇を現人神とする偶像礼拝の罪を犯しました」と神に対する罪責を告白し、後半では「加害者である日本の国と日本の人々に対しても預言者としての役割を果たさなかったという大きな罪責を負うものです」と人に対する罪責を告白する。

前半では、総論として国民儀礼、君が代斉唱や宮城遥拝、皇紀二千六百年奉祝全国基督教信徒大会の大政翼賛宣言、国民の精神統合のための日本基督教団設立について記し、各論としては富田満統理の伊勢神宮参拝、アジアの教会への偶像礼拝の強要、侵略した各植民地・占領地の人々への神社参拝強要における国策協力を入念に語っている。さらに、アジアの国々への侵略に追従した伝道活動、必勝祈祷会、愛国機献納献金、「日本基督教団より大東亜共栄圏に在る基督教徒に送る書翰」に言及した後、被害者を列挙する。

南京大虐殺の被害者、中国の万人坑の人たち、七三一部隊による犠牲者。強制連行による奴隷労働、従軍慰安婦、空襲・原爆・病のため異邦の地に死んでいった朝鮮・その他の国の人たち、銃剣や日本刀によって切り裂かれた占領地の老若男女、バターン「死の行進」で倒れたアメリカ軍捕虜、食料の供出と過酷な労働で殺されたインドネシアの人たち、泰緬鉄道の建設現場に倒れたタイ・ビルマ・マレーシアの「ロームシャ」とイギリス軍・オランダ軍・オーストラリア軍・アメリカ軍の捕虜、シンガポールで虐殺された数万の華僑の人たち、皇民化政策によりことばと文化を奪われ侵略者である日本のために徴兵され傷つき倒れた台湾と朝鮮の人たち、アジア全域に広がる抗日闘争での犠牲者、アジア・太平洋地域で拘束・殺害された同信の教職者・信徒・欧米の市民・宣教師たち、知らないところで戦争の犠牲となった人たち。

こうして網羅的に戦争被害者を列挙し、教会が預言者としての役割を果たさなかったこと、この事実を罪責として認めず世の主権と力に迎合する体質を持ち続けたことを自分たちの罪として悔い改め、「私たちの先祖は罪を犯しました。彼らはもういません。彼らの咎を私たちが背負いました」(哀歌五章七節)の聖句をもって締めくくっている。

戦後の教会がよくここまで網羅的に戦責告白をしたと感心すると共に、戦後の教会であったからこそできたことでもあると思われる。この年、各団体からの戦責告白がなされ、日本福音同盟第一〇回総会の「戦後五〇年にあたってＪＥＡ声明」（六月一四日）から、日本福音クルセード主幹の本田弘慈「戦時中に自分が犯した罪の告白文」（六月三〇日）まで福音派においても戦責告白が集中的になされた。

②「日本ホーリネス教団の戦争責任に関する私たちの告白」（一九九七年三月二〇日、日本ホーリネス教団第三四回総会）

戦後の教会である日本福音キリスト教会連合の罪責告白と対照的なのが日本ホーリネス教団の戦責告白である。一九四二年六月二六日、日本基督教団第六部と九部の旧ホーリネス教会の牧師たちが全国で一斉に検挙され、追加検挙を加えると逮捕者一三四人、内七一人が起訴され一四人が執行猶予つきの懲役、車田秋次、米田豊の二人が懲役二年の実刑判決を受け、菅野鋭、斎藤保太郎、辻啓蔵、小出朋治は獄中で死亡した。

「告白」前文は言う。「ホーリネス宣教百年の年を迎えようとしている今、私たち日本ホーリネス教団は、これまでの神の導きを心から感謝し、先達の信仰の戦いに思いを寄せています。そして、私たちが私たちの教会の歴史を振返ることによってその歩みを省み、信仰の継承を目指すと共に、過去に犯した過ちをここに言い表します」。

「告白」は前半で歴史を振り返り、後半では「これからの歩み」を述べる。歴史の振り返りでは、「四重の福音」を旗印として宣教を進め、現在のアジア太平洋地域ホーリネス教会連盟に結実している旧東洋宣教会ホーリネス教会が、宗教法案や宗教団体法案による国家の宗教への介入、神社参拝の強要に対して信仰の戦いの意志を明確にもっていたことを確認する。しかし、「それにもかかわらず私たちの教会は、日本の軍国主義と、それを支えた天皇制については、それを批判することなく、むしろ支持をしました」、「そして、私たちの教会のアジア諸国への宣教は、宣教がその純粋な動機であったとは言え、その働きは日本の植民地政策に追随するものでありました」。「昭和十五年戦争下、私たちの教会は、治安維持法と宗教団体法によって不当に弾圧され、解散を余儀なくされました」と試練を乗り越えたことを記すところでも殉教者を称えることはない。むしろ悔い改めとして、教理の理解の相違から同信の友と決別したこと、日本基督教団に参加して国策に従い宮城遥拝や君が代斉唱などの国民儀礼や神社参拝を行い、戦勝祈願、皇軍慰問献金、半島人徴兵制度実施感謝式の開催などの戦争協力を告白する。とりわけ注目されるのは、天皇神格化を進める国家の圧力に屈して再臨信仰に関する教義を変更したこと、弾圧に直面した時も自分たちの信仰が治安維持法に問われていることに気づかなかったのは天皇を崇敬する愛国者を自負していたためで、治安維持法のいう「国体の否定」に抵触するとは思わず「キリスト教信仰の中に天皇制を受け入れていた」としていることである。「拘禁された牧師たちの中には、裁判のために、それまでのキリスト教信仰を清算し、祖先崇拝などをして日本人として生きると言う者たちや、神社参拝に積極的な姿勢を示す者たちもいました」、「かつて分かれた同信の友の再臨信仰との違いを強調し、自らの身を守ろうとしました」と踏み込むところは痛切である。「告白」はさらに、戦後の同教団の体質にまで及んでいる。

後半の「これからの歩み」では、「戦時下の教会を過ちに陥らせた天皇制の圧力は、今も姿を変えつつも存続しており、戦時下の教会が問われた信仰告白に生きることは、まさに今の私たちの課題でありますとした後、広範囲に課題をとらえて言う。「今日では経済力による侵攻や民族の蔑視、責任の回避など、私たちは日本人として、このような国家の過ちについて連帯の責任を負うものです」、「私たちは日本人としての連帯責任を負うことによって、私たちの教会の信仰の問題を曖昧にはしません」。

「告白」は、神社参拝や天皇崇拝などの偶像礼拝に墜ちてしまった罪を悔い改め、アジア諸国への宣教が日本の侵略戦争に追随するものであったこと、さまざまな戦争協力を行ってきたことをアジア諸国の人々とその教会に謝罪し、弾圧時の裁判の中で同信の友を切り捨てるような発言をしたことへの謝罪に及び、「ネヘミヤ（ネヘミヤ記一章四―十一節）やダニエル（ダニエル書九章一―十一節）の祈りに学びつつ、悔い改めと信仰をもって立ち上がる覚悟でおります」と結んでいる。

③日本同盟基督教団「日本同盟基督教団宣教一〇五周年記念大会　21世紀の日本とアジアと世界に仕えるために――横浜宣言」（一九九六年一一月一九日）

日本同盟基督教団は、一八九一年にスカンヂナビアン・アライアンス・ミッションによって伝道が開始され、戦前は日本同盟基督協会として歩み日本基督教団第八部に参加、戦後は約半数の七教会が日本基督教団から独立し、TEAM宣教団などとの協力により教会形成を行ってきた。先述のように戦中の教会の週報の発見から「戦争責任フォーラム」を行い、一九九一年の「宣教一〇〇周年記念宣言」、一九九四年の「飛騨キリスト教一〇〇年記念大会――明日の宣教のために」、一九九五年には「『戦後五〇年・日本宣教と教会の罪責問題』に関する靖国委員会の見解」と声明を重ね、一九九六年に「日本同盟基督教団宣教一〇五周年記念大会　21世紀の日本とアジアと世界に仕えるために」を発表する。

「かえりみて、戦時下、特に『昭和15年戦争（一九三一―一九四五年）』の間、私たちの教団は、天皇を現人神とする国家神道を偶像問題として拒否できず、かえって国民儀礼として受け入れ、『あなたには、わたしのほかに、ほかの神々があってはならない』・『あなたは、自分のために、偶像を造ってはならない。それらを拝んではならない。それらに仕えてはならない』との十戒の第一戒と第二戒を守り抜くことができませんでした。さらに近隣諸国の諸教会と積極的に平和をつくり出す者として生きることができず、国家が推進した植民地支配や侵略戦争に加担し、アジア地域の侵略に協力しました。こうして神と隣人の前に、とりわけアジアの人々に、偶像礼拝の強要と侵略の罪を犯し、しかも戦後、この事実に気付かず、悔い改めに至ることもなく、無自覚なままその大半を過ごしました。

近代日本の一〇〇年余の歴史に重なる私たちの教団の歴史をかえりみ、私たち教職・信徒は、『信仰と生活の唯一絶対の規範』である神のみことばに、十分聞き従い続けることができなかったことを主のみ前に告白し、悔い改め、神と隣人とに心から赦しをこい求めます。私たちは、今、あらためて、堅く聖書信仰の原理に立ち、聖霊の助けにより、福音にふさわしい内実を伴ったキリストの教会へと変革されることを心から願います」。

おわりに――それからの20年

戦後五〇年の戦責告白はその後どうなったであろうか。この二〇年、歴史修正主義が広がり、九九年の国旗国歌法、周辺事態法、二〇〇六年の教育基本法改正、そして戦後七〇年目の今年、安倍政権による集団的自衛権行使容認の安全保障法案がすでに衆議院を通過し、参議院での審議が始まっている。「教会と国家」の状況は悪化している。そのような中で、ホーリネス教団では「告白」のあと「福音による和解委員会」が設置され、戦責告白に基づく和解と体質改善に努めており、その成果は『和解を紡いだ12年――「戦争責任告白」からの歩み【資料集】』(二〇〇九年)にまとめられた(5)。日本同盟基督教団も横浜宣言に基づく教団の運営を行い、靖国問題委員会を「教会と国家」委員会に改称して働きの幅を広げている。日本福音キリスト教会連合は連合という性格上、団体としての宣言は多くはないが着実な学習の取り組みを継続している。日本福音同盟は二〇一五年の第三〇回総会で「戦後70年にあたってのJEA声明」を採択した。そこでは一九五九年の「日本宣教百年記念聖書信仰運動大会宣言」が踏まえられている。

(1) 宇田進『福音主義キリスト教と福音派』(いのちのことば社、一九九三年)。
(2) 「座談会 堤岩里事件の今日的意味」『三・一独立運動と堤岩里事件』(日本基督教団出版局、一九八九年)。中村敏『日本プロテスタント海外宣教史――乗松雅休から現在まで』(新教出版社、二〇一一年)。
(3) 「日本ホーリネス教団の戦争責任に関する私たちの告白」と「日本同盟基督教団一〇五周年記念大会――横浜宣言」は、日本キリスト教協議会靖国神社問題委員会『信教の自由を求める叫び――靖国・天皇制問題等声明集(一九六八年~二〇一〇年)』(日本キリスト教協議会、二〇一〇年)に収録。
(4) 後藤敏夫『教会と国家』(単立教会連盟、一九八二年)、リーベンゼラの井戸垣彰『信教の自由と日本の教会』(いのちのことば社、一九八三年)。日本福音キリスト教会連合設立前の一九八六年からリーベンゼラ、新約、単立連盟三者による「信教の自由を守る日」集会が行われ、現在も継続されている。

（5） 日本ホーリネス教団東京聖書学院内には、一九八九年に東京ミッション研究所が設けられ、天皇制や平和学に関する研究が続けられている。一九九二年からホーリネス弾圧同志会（日本ホーリネス教団、ウェスレアン・ホーリネス教団、基督兄弟団、基督聖協団）による「ホーリネス弾圧記念集会」が行われ、現在も継続されている。

（やまぐち・よういち　東京基督教大学教授）

（『福音と世界』二〇一五年九月号所収）

戦争責任告白はいかにして成立したか

教団史におけるその歴史的検証

戒能信生

「第二次世界大戦下における日本基督教団の責任についての告白」（いわゆる「戦争責任告白」）が発表されたのは、一九六七年三月であった。したがって今年でまる五〇年が経過したことになる。それは同時に「戦責告白」以降の教団の歩みのほうがそれ以前よりはるかに長くなったことを意味する。「戦争責任告白」以降に生まれた若者たちも多くなったし、当時のことを知る者たちにとっても、それは確実に遠い過去のことになりつつある。そこで一九四一年に合同・発足した日本基督教団の七十六年に及ぶ歴史において、この「戦争責任告白」がどのような位置を占めているかを改めて歴史的に検証するのがこの稿の目的である。

「戦争責任告白」の内容は、大きく分ければ、教団成立をどう理解するかということと、教団の戦争責任についての見解の表明ということになる。しかしそのいずれについても、戦後二十二年以上が経過した一九六七年の時点において、どうしてあのような仕方で問題とされねばならなかったのだろうか。そもそも敗戦後の教団の歩みの中で教団成立と戦争責任の問題はどのように議論され扱われてきたのであろうか。

1　敗戦直後の教団

敗戦直後の教団において、教団指導者の戦争責任について初めて公に言及されたのは、一九四五年十二月五、六日に開催された最初の常議員会においてであった。その記録には次のように記されている。

（会議冒頭における富田満統理の挨拶に対して）右ノ挨拶ノ後谷口（茂寿）氏ヨリ、教団統理者並ニ役職者ハコノ際戦争責任ヲ如何ニ考フルヤトノ質問アリ。

統理者ハ余ハ特ニ戦争責任者ナリトハ思ハズ、サレド責任ヲ感ジテ辞職スベキ者ナリトセバ今辞職スルハ軽キ事ナリ、タヾ重要責務山積セル今日直ニ辞職スルハ反ツテ無責任ナリ。辞職ニハ時機アレバソノ時機ヲ待チ居ル次第ナリト答フ。

既にこの年の九月には戦争犯罪人として東条英機等三十九人が逮捕されており、引き続き連合国総司令部（ＧＨＱ）による各界の戦争犯罪の追及は必至とされていた。富田統理を初めとする教団首脳にもそのことは当然のことながら意識されていたであろう。しかし彼らには自らが「戦争犯罪人」として糾弾されねばならないとは到底考えられなかったようである。戦後初めての常議員会における富田統理の「余ハ特ニ戦争責任者ナリトハ思ハズ」という答弁はそれを物語っている。現在から顧みると、戦時体制下において成立した日本基督教団は、「大東亜戦争」完遂のためにこそ成立したことは否定できず、かつまた教団の最高責任者である「統理」には、宗教団体法によって独裁的な権限が付与されていた。戦時下の『教団新報』を読み返してみると、戦闘機献納運動推進、伊勢神宮参拝、各個教会への国民儀礼の指示、「大東亜共栄圏に在る基督教徒に送る書翰」の懸賞募集等、教団指導者の戦争責任は一見して明らかである。にもかかわらず彼らには自らに戦争責任があるとは考えられなかった。まさにこの点について教団指導者たちの率直な想いを明らかにしたのが、一九四六年一月二十日発行の『日本基督教団新報』第一面の記事「戦時中に於ける教団立法行政の実相　戦争責任者は何人か」である。

……本誌が取り扱ひ来つた戦時中の報道、並びに常議員会その他の席上に於ける自ら進んでの説明、或は質問者に対する答弁に於て教団統理者並びに所謂幹部の責任者が明白にしつゝある点を摘記して教団内外の同情者の憂慮を一掃する。

第一に基督教関係者は其の教団たると否とに拘はらず、能動的に戦争を指導した覚えは毛頭ないのである。基督教を奉ずる限りそんな行動、言論に出でられる道理はない。……教団は政府、軍部の強調する戦争目的を其のまゝ、部内に伝ふることを命ぜられ、其の与へられた資料に由つて判断して、それが正義であると認めた處を要求せられるがまゝに部内に宣伝したのである。言ふまでもなく虚偽と知りつゝ行つたのではない。軍部、政府を信頼して、安心してそれを取次いだまでである。戦争であるからは其の必勝を祈願し、意図することは国民の義務である。況や平生社会指導の任にあるものには当然の責任である。問題は戦争を計画し、実施し、敵愾心を鼓吹し、復讐を奨励したか否やに在らう。苟も基督教々職、信徒にさうした人物があるべき道理はない。

戦争中凡ての組織がさうであつたやうに、教団規則も亦教団統理者に萬能の権限を付与してゐる。然し現教団統理者の釈明する處に由れば、教団統理者は基督教会の伝統、旧慣を深く認識してゐるが故に未だ嘗て、其の機能を新たに付与せられた處に従つて行使した記憶のないことを良心から告白し得ると言ふ。

成程立法行政の必要事項が発生する毎に先づ幹部を集めて協議はした。然しそれは唯だ発案の準備であつて、それを実施するに当つては出来得る限り旧法でも合法的な衆議に訴へて来た。地方に人を派遣して先づ其の衆議を纏め、戦時事情から会議の許されない場合は必ず、総会の代行機関たる常議員会を招集して、其の決議を待って行動した。常議員会を開き得ない場合は予て常議員会が、事情止むを得ざることを承認して其の機能を委託してゐる常任常議員会に諮つてゐる。未だ嘗つて専断や、理事者の意志に由つて全教団に其の願はざる處を強要した覚はない。教団規則の反面は又斯くの如く教団統理者並に理事者の専制行為を明かに牽制してゐる。

と言ふのである。以上のやうだとすれば其の戦争責任を負うべくは各個教会の責任者が平等に当らねばならなくなる。

この教団新報の記事は無署名であるが、明らかに富田統理の言を引いて教団指導者に戦争責任はなく、すべて教団規則にのっとり合法的に行ったのだから、各個教会の責任者が平等に負うべきだと強弁したものである。これはまた今日の私たちの目から見るとあまりにも無責任、鉄面皮な自己弁護と映らざるを得ないけれども、これが当時の教団指導者たちの率直かつ正直な考えであった。

この点で、富田満がその後も戦時下の教団の在りようについて回顧する時、折りに触れて次の二つのことを繰り返し強調している。「第一は戦闘機献納運動には自分は必ずしも積極的ではなかったこと、第二は信仰問答の作成において文部省はキリストの神性と復活を信仰箇条から取り除けと圧力をかけて来たが、自分たちは生命を賭けてそれに抵抗したこと」である。（「平和問題懇談会（一九五三・六・二九）での発言」『基督教新報』一九五三・七・一一、「教団歴史編纂第一回顧問の会の記録」手稿原本一九五七・五・二九等）。ここから推察されるのは、教団指導者たちは自ら積極的に国家の戦争に協力したのではないこと、そしてむしろ無理解な政府の宗教弾圧に対して身を挺してそれに抵抗し諸教会、信徒たちを守ったのだということ、何より殉教の覚悟をもってキリスト教信仰の神髄たるキリストの神性と復活という信仰箇条を守り抜いたのだという意識である。

このような教団指導部に対して、東京近隣の若手牧師の有志たち（最初の呼びかけ人は大村勇、鈴木正久、小川貞昭、深津文雄）が福音同志会を結成して批判を展開する。鈴木正久が起草したと伝えられるその呼びかけ文は、以下のような書き出しで始められている。

拝啓

私共は日本基督教団に属する教職であります。この教団の成立以来、殊に此度の戦争の間は私共お互い一方ならず此の教団に就て考へさせられました。又深く憂へさせられて参りました。しかも今、敗戦の祖国の中にあり、教会が今立たねば立つ時はないのであります。対外的、対内的に教会自体の問題も山積して居ります。にも拘らず終戦後今日に至るまで私共の日本基督教団によって積極的に何が主張され、又何が立案されてゐるでありませうか。戦争中「必勝祈願礼拝」に声を涸した幹部が今突兀として平和建設連盟の趣意書を配布してゐるという状況であります。福音の真摯な宣教、戦後の教団経営への力強い具体案又指導力がどこにあるでありませうか。このままで教団としてのしっかりとした新発足が今直ぐなされないならば、教会は沈滞と混乱、各個教会割拠から遂には脱退相次ぎ、教団は分解或は少なくとも有名無実化するに至りませう。（後略）

この福音同志会の教団指導者批判は、教会政治的には、新たに教団総会議員を選任し直して一日も早く教団総会を開催せよとの要求に収斂されていく。そして様々な経緯の末に、一九四六年六月七、八日に戦後最初の教団総会（第三回）が開催されるに至る。そしてこの総会において新たに改正された教団規則により教団議長の選挙が行われ、「時局重大ノ場合微力ニシテソノ任ニ堪エズ」として辞意を表明した富田満に代わって、小崎道雄が教団議長、村田四郎が副議長に選任される。しかしそのいずれも戦時下の教団指導者であり、また新たに選任された常議員の顔ぶれも基本的には同じであった。そしてこの総会において決議され、引き続き翌六月九日青山学院において行われた全国基督教大会で宣言されたのが、「全国基督教大会宣言」である。この宣言の内容とするところは、新たに開始される「新日本建設キリスト運動」についての決意表明であったが、その冒頭に次の文言が入れられた。

我等日本国民は、今次大戦に対する責任を痛感する。特に平和の福音を信奉する基督教信徒として、深刻なる反省と懺悔と悔改を表白するものである。無限に赦し給う天の父は、その豊かなる恩寵を以て、我等に再生起死の途を開き給うことを確信する。しかし筆舌に尽し難き戦禍の現実を直視し、惨憺たる同胞の苦悩を見ては、新しき十字架の我等を待ちつゝあることを意識するものである。

後に「戦争責任告白」についての論議が教団内で起こった際、この青山学院における基督教大会宣言が充全なる教団の戦争責任についての表明であるとする主張がなされたが、このような経過を見る時それが強弁であることは明らかである。確かにここには「今次大戦に対する責任を痛感する」とされており、言葉としは「深刻なる反省と懺悔と悔改」が表明されているものの、その主意はむしろこの後に続く「全日本の基督教的強化と、キリストによる信仰復興と、キリストの教会の拡大強化」としての「新日本建設キリスト運動三年計画」の推進にあると言わなければならない。したがってそれは痛切な戦争責任の自覚による教団の再生への覚悟というよりも、伝道の好機到来を喜ぶ当時の雰囲気を正直に映し出しているのである。

2　教団の戦争責任を問う声

さて、戦時下の教団指導者たちが、戦後もなお教団運営の中枢を担う事態について、初めて公に批判されたのは、戦後十年が経過しようとする一九五四年秋に至ってであった。既に一九五〇年秋の第六回教団総会において、教団組織の民主化、中央機構の簡素化、教区権限の強化の三原則に基づく機構改革によって出発した総合伝道委員会のあり方について、総合伝道委員の一人に選ばれた松本広は次のような穏やかな批判を『基督教新報』紙上に明らかにしている。

……最後に、このことに関連して人事の刷新（教団教区を通じて）を希望したい。これは決して現首脳の無能なるが故に言うのではない。今日のような有能かつ強力な指導者を我が教団が有していることは内外に対する大きな誇りである。然しそれにもかかわらず十年もの長きにわたって首脳部が更新されないような団体のあり方は、極めて不健全であると私は考える。且又戦時中の統制時代を経由してこられた先生方に、その残滓が拭い切れずに沈殿しているが如き印象を、委員会の運営を拝見するとき受けるのは私独りの感じだけであろうか。（『基督教新報』一九五四・一〇・一六）

これはまことに穏当な表現ながら、総合伝道委員会を初めとする教団首脳の世代交代を訴えた一文である。そしてここで直接名指しこそされてはいないものの、「戦時中の統制時代を経由してこられた先生方」、「その残滓が拭い切れずに沈殿しているが如き印象」という表現で指示されているのが、当時なお総合伝道委員長の重責を担っていた富田満であることは想像に難くない。事実この松本広の指摘直後に富田は総合伝道委員長を辞任し、かつ教団のほとんどの公職を降りるのである。したがって、教団は戦後十年を経てようやく世代交代と人心の一新をすることになるのである。

しかしこの戦後の十年間は、教団にとっていかにも多難な時代ではあった。キリスト教ブームに乗って教会が社会の注目を浴びる一方で、教団は離脱問題、会派問題などむしろ対内的な難問が山積していた。そしてこれらの教団の難局を戦時指導者たちが中心になって乗り切らねばならない現実があった。ことに旧教派を中心とする離脱問題は、教団成立の正当性を問うものであり、それ故教団存続に関わる難題であった。しかし結果として次々に離脱していった各教派の離脱声明の多くが、自らもその一員であった戦時下の教団の戦争責任にはほとんど触れず、教団が合同教会であるが故の教会観の曖昧さ、信仰告白の不備などを批判するばかりであることは、やはり注意しておかなければならない。そしてこの離脱教会の批判に応える教団指導者の側も、それに対応するかのごとく教団成立の正当性と戦時下の教団運営の困難さを繰り返すのみであった。

と同時にこの戦後の十年間は、例えば鶴見俊介が「戦争責任の問題」で指摘しているように、日本社会全体においても事情は同じであった。一九五五年以前の段階では戦争責任はいわば制度的な問題であった。すなわち東京裁判や公職追放などによる制度的な戦争責任追及が戦争犯罪人の個人の責任を問うものであったのに対し、講和条約の成立と追放解除の後になってようやく思想的に戦争責任の問題が問われるようになったのである。その代表的な一つが「思想の科学」グループの『転向研究』であった。このような中で、キリスト教界においてはむしろ教団の外側で戦時下の教会の戦争責任を問う声が出始める。

最初はやはり「キリスト者平和の会」の運動であった。一九五〇年に始まる朝鮮戦争への危機感を直接的な契機として一九五一年に組織された「キリスト者平和の会」は、その発足にあたって発表した「平和に関する訴え」の中で、次のようにこの問題に触れている。

第二次大戦に際して、われわれキリスト者が犯した過ちは、平和の福音を単に眺めるのみで、そのために身をもって戦わなかったところにあり、われわれはこれを深く悔いるものである。（一九五一・二・一七）

しかし、この「キリスト者平和の会」の運動も、その後の、原水爆禁止運動、憲法改悪反対運動等の実践活動に追われて、教会の問題として戦争責任を問うことは十分にできなかった。ただこの時期以降、森岡巌「大平洋戦争と日本の教会」（『福音と世界』一九五三・一〇、一二）、安藤肇『深き淵よりキリスト教の戦争責任』（一九五九年）、「座談会　太平洋戦争における教会の戦争責任をめぐって（加藤邦雄、隅谷三喜男、柏井光蔵、井上良雄、松本美実）（『福音と世界』一九五九・一〇）、横山貞子「キリスト教の人々」（『共同研究　転向』一九六〇年）等、教団の戦争責任についての実証的な著作や研究がなされるようになっていく。そしてこのような声が日本の基督教団の戦争責任そのものを改めて具体的に問う声とつながるためには、なお時と人とを待たねばならなかった。

3 「戦争責任告白」成立の経過

「第二次世界大戦下における日本基督教団の責任についての告白」（以下「戦争責任告白」と略称）成立の経過について、「教団の記録」（『教団年鑑』記載）は次のように説明する。

「一九六六年の夏期教師講習会で教団の戦争責任を明らかにすべきであると声が出て、そのことが第一四回教団総会に建議され、本会議と分科会における質疑討論の後常議員会にその取り扱いが委任された。そして一九六七年二月二十日から二十二日までに開かれた第一四回総会第三回常議員会は、四人の起草委員の手になる「告白」（いわゆる戦責告白）原案をめぐって長時間の議論をたたかわせたのち、同年三月二十六日のイースターに議長名で告白を公にすることを絶対賛成多数で可決した。」

ここでは、この簡略な記述の背景を、「発端」と「手続き」の二つに分けて、教団宣教研究所に保存されている当時の資料と関係者たちの証言によって再構成する。

①「戦争責任告白」の発端

一九六六年八月二十九日〜九月三日、東京三鷹の東京神学大学を会場にして教団夏期講習会が開かれた。夏期講習会は、神学校を卒業して五〜十年の若手の牧師たちが各教区から推薦され（合計五、六十名）、毎年夏のこの時期約一週間の研修を受けるもので、これが第十七回目であった。しかし恒例の夏期教師講習会が信仰職制委員会の所管であったものを、この年の講習会は伝道委員会が実質的なイニシアティブを取る形をとり、伝道委員長・鈴木正久がこの夏期講習会の校長として、また就任したばかりの伝道総幹事・高倉徹が実務を取りしきる形で開催された。特にこの年の秋には大阪で第十四回教団総会が「明日の教団」という主題のもとに予定されており、同時に教団創立二十五周年を迎えることもあって、この年の夏期講習会は特別な意味合いを持たされていたと言えよう。そのことを端的に示すのが、八月末に行われたこの第十七回夏期講習会の記録が直ちにまとめられて印刷に付され、十月半ばの教団総会に間に合わせて出版されたことである。（日本基督教団信仰職制委員会編『現代の教会　日本基督教団の教会観』日本基督教出版局、一九六六年十月）。

この講習会の主題は「日本基督教団の教会観」であった。講師は、北森嘉蔵、土岐林三、雨宮栄一、鈴木正久、松木治三郎、P・ネメシェギ、斎藤真、西村一之、佐竹明、等であった。これらの講演の間を縫って、研究協議会や懇談会が行われ、参加した講習生たちが講師共々日本基督教団の現在と将来の課題について熱心に語り合った。残されている夏期講習会の記録によれば、何人かの講習生の発言として「教団としての戦争責任を明らかにすべきだ」との意見が出されている。

「教団の将来を考える時、それは過去に連なるものとして十分な検討がなされねばならない。教団の現在を摂理として受け取り、社会変革の中で責任を負うということは、教団がかつて戦争に協力したということに対する責任から出発しなければならないのではないか、そうでなければ空転してしまうだろう。」

「日本の教会はそれをしなかったが、ドイツの教会は世界に向かって罪をわびた。そのことをしたのはむしろ戦争責任のなかったニーメラーであった。大村議長は戦時中も立派な態度を取られたが、個人的に昔の人の責任を追及するのではなく、我々の問題として責任を感じてするべきである。戦後二五年たってからでは遅きに失するとも思うが、今朝鮮の教会と交わりが開かれようとしている時期でもあり、今を逃したらこういう機会はないであろう。」

「『明日の教団』を考えるについて遅すぎる感はあるが、教団の合同当時、すなわち戦時中の怠慢を悔い改めることから始めるのがよいと思う。日本だけが悪かったということは言えないかもしれないが、教会が世の見張りの役をしてこなかったことはいけなかったと思う。また周囲の国々、国内の同胞に対しても迷惑をかけた。その至らなかったことをわびることが必要だ。戦時中クリスチャンでなかった方々は賛成でないかもしれないが、教団の姿勢をこの点に立ち返って明確にしたい。そのために教団の戦時中に出した公文書をまとめて公表してもらいたいと思う。またこうしたことに関連して、沖縄の同胞、その中にある沖縄キリスト教団に対しても、責任を感じなければならないと思う。」

「戦時中正しく福音を語られていながら、なお何事もなしえなかったということを教会自体の問題として捕えたい。教会において、また世に対しても福音を正しく宣べ伝えながら、世の状態を説教者自身の問題として捕えようとすることを怠っていたことを省みるべきであろう。そのことを、『本当に福音を語っていれば教会はできるはずだ』ということで問題をそらさぬようにしたい。」

大略以上のような講習生同士の協議の末、教団の戦争責任についての姿勢を明らかにする件と沖縄キリスト教団との合同の問題について、教団総会に何らかの仕方で建議しようという意見がまとまり、講習生の中から選ばれた運営委員（渡辺泉、岩井健作、山岡善郎、大塩清之助、内藤協）と、講習会校長である鈴木正久にその準備が委ねられる。

それではこの六名は具体的にどのような相談をし、行動をしたのだろうか。教団宣教研究所に次のような草案が残されている。

・「日本キリスト教団と沖縄キリスト教団の合同促進に関する建議案」内藤協
・「日本キリスト教団の戦争責任に関する声明文を公にすることについての建議」内藤協
・「我々の戦争責任を反省し新しい決意に生きる声明文」渡辺泉
・「戦争責任の罪の懺悔と世界平和への誓願」大塩清之助
・「教団の戦争責任の表明」山岡善郎

（岩井健作の草案も書かれたと推測できるが現在のところ確認できていない。）

渡辺泉・大塩清之助らの証言によれば、九月半ばに渡辺が関西のメンバーを代表する形で上京し、これらの第一次草案をもとにして、西片町教会で鈴木正久ら在京メンバーたちと協議した結果、それぞれの草案を参考に以下のような分担で第二次草案を作成することになったとされる。「懺悔と罪と摂理」（鈴木正久）、「福音把握の問題」内藤協、「戦争責任の事実」大塩清之助、「現時点での問題」渡辺泉。それをさらに渡辺の手によってまとめた原案が、以下に紹介するものである。

私どもは今日教団創立二五周年を祝い、『明日の教団』を展望する時点において、この教団成立に現された主の恵みの摂理に心から感謝と讃美をささげるものであります。

しかし、まさに教団の成立またその後の歩みにおける主の摂理の導きを感謝するとき、同時にまさにこの主のあわれみのもとにあった私どもの弱さ、不信仰の罪を認めざるを得ません。このことについて私どもは悔改め、神と隣人の前にそのゆるしを求めるものであります。

教団の成立は直接には当時の我国の為政者の方針によりました。日本における一つの教会を求める私どもの願いが、これを契機として具体化されるに至ったことを、私どもは主の摂理として信じつつ、しかしその教団形成具体化の過程において、この世の権力に対して、ことにあの危機的状態にあった祖国の政治的支配に対して、私どもが充分に明らかに信仰に基く真理の主張と発言また行動をせず、むしろそれに隷属する形を呈したことについては、あの戦時中全体を通じての日本国家に対する教団の不徹底な誤った諸態度とともに、「地の塩」「世の光」である教会の慚愧すべき無責任でありました。〔この項、鈴木正久執筆〕

この世を愛し、この世に受肉された聖書の神は、イエス・キリストにおいてこの人間の悲惨と罪、生と死の真中に来たり給うた神であり、この神において教会は最も誠真にこの世の困難の中に立つことを命ぜられています。

教会がイエス・キリストは主なりと告白する時、それは教会がまさに遣わされているこの世の現実の課題と、世俗の権力に対してであり、教会は徹頭徹尾イエス・キリストを主として発言し、行動することをまた命ぜられています。

教団創立時におけるこの基本的なキリスト教会の信仰告白の姿勢の欠如こそが、戦争という異常な事態の中で、教会の進むべき道を見失い、極めて曖昧な発言しかなされなかった根本的要因であります。今日の教団の信仰告白を、もし単なる告白文と終わらしめ、真の教会の闘いの目標としての信仰告白に至らないときには、同じような罪と悔いを教団は再び繰りかえすことになるでありましょう。（この項、内藤協執筆）

第二次大戦中わが国は、この戦争が大東亜を米英の侵略から守り東亜永遠の平和を確立するための正義の戦いであると内外に宣伝しましたが、今日の時点において見れば、それはわが国自身の他国侵略の戦争であったことを否定することはできません。

しかるに当時わが教団は、そのような戦争の本質と、この戦争の主体的な原因がわが国の天皇絶対制という反神的国体にあることを、福音の光に照らして洞察することができず、洞察してもこれと積極的に闘うことをしなかったのであります。

それは福音の真理によってのみ立つべき教会が、真理を守る闘いを避け、語るべきことを語らず、わが身を守ることに堕した結果であると思います。〔この項、大塩清之助執筆〕

戦後二十一年この我々の罪と過ちとが明白にされぬまま今日に至っており、この問題が今日の教団の正しい形成を妨げている一つの大きな原因であると思います。

われわれが戦争の責任を問題にするということは、われわれがその責任を自分自身に問いかけることです。この問題はそのような仕方でしか問題にすることはできません。従って、教団が全体としてその責任を率直に認めその負い目を「否定的遺産」として負い、その中にキリストによって歴史に働く神のゆるしとめぐみの課題を自覚する以外はありません。責任を問い課題を負うことが、日本の教会の唯一の生き方です。教団がその宣教基礎理論として『教会の体質改善』『伝道圏伝道』という二本の柱をかかげたこと、日本の歴史形成への参加として憲法擁護の声明をしたこと、また国際的な責任としてベトナム戦争の終結のための努力に加わったことは、このような課題の一つの実現であります。しかしそれにもかかわらず、世界の歴史、日本の歴史の中には、過去の戦争のあやまちを再び繰り返すおそれのある動きが見られます。そして、われわれ教会は、ともすれば、これらの出来事を複雑に結び付けている基本的な動向を見逃すことが多いのではないでしょうか。その意味でもわれわれは今一度、自らに戦争責任を問い、キリストによる歴史における神の和解の業の実現に参加し、神の勝利を証する教会の形成のために、決意を新しくしなければなりません。〔この項、渡辺泉執筆〕」

さらにこの草案は、「これを読んで、もう一度『告白本文』を書いて、鈴木氏に送ってください。九月三十日までに是非お願いします。よろしく。渡辺泉」と付されて運営委員各人に送られた。その結果、鈴木正久のもとに寄せられたのは次のような第二回目の草案であった。

・「戦争責任告白文」岩井健作
・「表題なし」山岡善郎
・「戦争責任を自覚し、新しい使命に生きる決意の告白」渡辺泉
・「悔い改めの告白　教団の戦争責任について」大塩清之助
・「表題なし」井上良雄
（この井上良雄の草案については、井上が戦後の早い時期からキリスト者平和の会の創設者の一人として戦争責任の問題を主張してきたことから、鈴木正久と大塩清之助が協議して個人的に草案作成を依頼したもののようである。なお、井上良雄の草案も一次案と二次案が存在する。）

ところが、これらの草案は結局第十四回教団総会においては日の目を見ることにはならなかった。おそらく時間不足で十分な文案がまとまらなかったことが理由と推測されるが、その代わりとして、建議第八号「教団としての戦争責任に対する告白を公けにすることの建議」（建議者　渡辺泉、同意議員　大木英二、岩井健作、高戸竹二、赤坂栄一、西村一之、鈴木正久）、建議第九号「日本基督教団と沖縄キリスト教団との関係について研究開始要望の建議」（建議者　鈴木正久、同意議員は前記と同じ）として提案されることになる。

②「戦争責任告白」制定の手続き

大阪女学院を会場に一九六六年十月二十一日〜二十六日、「明日の教団」という主題のもとに開催

された第一四回教団総会は、その中で教団創立二十五周年記念大会を行い、鈴木正久が「明日の教団」と題して主題講演を行った。そしてその鈴木正久が大村勇の後を受けて第五代教団総会議長に選任される。総会に提出された二つの建議は、第一分科会に回付され、建議者より趣旨説明、質疑応答の後、座長・松本広の「昨日の二十五周年記念大会における鈴木正久議長の講演においても、戦争責任の深い告白がなされたことであるし、これを公にしてはどうか。もし賛成を得られるのならば、大筋を通して、常議員会に付託してはどうか」という提案を賛成多数で承認し、さらにそれが本会議において常議員会に付託することが賛成多数で可決された。

これを受けて十二月十二日～十三日開催の第二回常議員会において、この建議の取り扱いが検討された。冒頭、鈴木正久はこの建議について補足説明を行い、「この提案趣旨は戦争責任の個人的追求ではなく、現時点において教団としての連帯責任を公にすることにより明日の教団への姿勢を示すことである。これは第一七回夏期教師講習会で、若い教職の間から起きた要望である」旨の発言をしている。若干の討論の後、起草委員の選任については役員会に一任し、次回常議員会に起草文を提出することが賛成多数で承認される。

明けて一九六七年一月九日に行われた第二回常任常議員会では、役員会において起草委員として鈴木正久、木村知己、菊池吉彌、高倉徹の四名が選任されたことが報告・承認された後、「起草委員によって準備した鈴木総会議長名による『悔い改めの告白　教団の戦争責任について』の書簡並びに書簡の解説文書及び資料を朗読した。以上の声明文草案について協議した結果、これをさらに上記起草委員会において検討し、次回常議員会に提出することを賛成多数をもって承認した」（常任常議員会記

録）

この時提案された原案については、のちの鈴木正久の言葉によれば「私は昨年八月に、この告白文が問題になりはじめてから、自分自身起草者の一人となっていながら、今年の初旬、（常任）常議員会に草案を提出する間際まで書けなかった。一月五日頃になって、あの当時の教団統理であった富田満氏を自分の父親のように思える気持ちになった。それでこの草案を書いた」と述懐されている（「教会の罪と神の摂理」『福音と世界』一九六七年七月号　なお鈴木の原案は、前述の草案、中でも大塩清之助の第二次案を基本的に踏襲していると見られる。）

これ以降、この鈴木の原案は四名の起草委員たちの手によって字句修正をされて第三回常議員会（一九六七年二月二十日〜二十二日）に上程された議案第二十六号の案、さらに第三回常議員会において激しい議論の結果、議長指名による五名の常議員による小委員（大山寛＝委員長、瀬谷重治、高倉徹、大島孝一、長谷川保）によって修正が施され、さらに常議員会において若干の字句修正の手が加えられていく。その複雑な過程を示したのが、以下に紹介するものである。

こうした修正が加えられた後、第三回常議員会は、「この発表文全体の採否は重要事項と考え、特に三分の二以上の賛成によって決定する方式を取りたいと議場に諮り、賛成を得た後、挙手をもって賛否を問うたところ、賛成十九票、反対二票（議長は採決に加わらない）、三分の二以上の賛成をもって可決した。」（第三回常議員会記録）

こうして「第二次世界大戦下における日本基督教団の責任についての告白」は、「一九六七年三月二十六日復活主日、日本基督教団議長鈴木正久」の名において『教団新報』（三月十八日　第三五〇〇号）紙上に公表されることになる。そしてこの戦責告白をめぐって教団内外に賛否両論の激しい渦が巻き起こることになる。

戦責告白文案の修正過程

鈴木正久執筆の原案	第三回常議員会の議案26号	第三回常議員会の修正案＝最終案
「悔い改めの告白 教団の戦争責任について」	「教団の戦争責任についての告白」	「第二次世界大戦下における 日本基督教団の責任についての告白」
わたくしどもは、一九六六年一〇月、第十四回教団総会において、教団創立二五周年を記念いたしました。今やわたくしどもが目を向ける真剣な課題は「明日の教団」であり、わたくしどもは、これを主題として、日本の教会としての教団が現時点から将来に向かって負っている光栄ある責任について考え合い、また祈り合いました。 　しかし、まさにこのときにおいてこそ、わたくしどもは教団成立	わたくしどもは、一九六六年一〇月、第一四回教団総会において、教団創立二五周年を記念いたしました。今やわたくしどもの真剣な課題は「明日の教団」であります。わたくしどもは、これを主題にして、教団が日本及び世界の将来に対して負っている光栄ある責任について考えまた祈りました。 　まさにこのときにおいてこそ、わたくしどもは教団成立とそれに	わたくしどもは、一九六六年一〇月、第一四回教団総会において、教団創立二五周年を記念いたしました。今やわたくしどもの真剣な課題は「明日の教団」であります。わたくしどもは、これを主題として、教団が日本及び世界の将来に対して負っている光栄ある責任について考え、また祈りました。 　まさにこのときにおいてこそ、わたくしどもは、教団成立とそれ

とそれに続く戦時下に、教団の名においてわたくしどもが犯した誤りを改めて自覚し主のあわれみと隣人のゆるしを乞い求めるものであります。

わが国の政府は、そのころ戦争遂行の必要上から諸宗教団体に統合と戦争への協力を国策として要請いたしました。

明治初年の宣教開始以来かねがね諸教派を解消して日本における一つの福音的教会を樹立したく願っていたキリスト者たちは、この政府の要請を契機として教会合同にふみきり、教団が成立しました。

この教団の成立と存続について、わたくしどもは、人の混乱を通じてなお働かれる主の摂理を認め、心からの感謝をささげております。

つづく戦時下に、教団の名においてわたくしどもが犯した過失（あやまち）を改めて自覚し主のあわれみと隣人のゆるしを乞い求めるものであります。

わが国の政府は、そのころ戦争遂行の必要上から諸宗教団体に統合と戦争への協力を国策として要請いたしました。

明治初年の宣教開始以来かねがね諸教派を解消して日本における一つの福音的教会を樹立したく願っていたキリスト者たちは、この政府の要請の下に教会合同にふみきり、教団が成立いたしました。

わたくしどもは、この教団の成立と存続について、わたくしどものあやまちとつまづきにもかかわらず働かれる主の摂理を認め、深いおそれと感謝をおぼえるものであります。

につづく戦時下に、教団の名において犯したあやまちを、今一度改めて自覚し、主のあわれみと隣人のゆるしを請い求めるものであります。

わが国の政府は、そのころ戦争遂行の必要から、諸宗教団体に統合と戦争への協力を、国策として要請いたしました。

明治初年の宣教開始以来、わが国のキリスト者の多くは、かねがね諸教派を解消して日本における一つの福音的教会を樹立したく願ってはおりましたが、当時の教会指導者たちは、この政府の要請を契機に教会合同にふみきり、ここに教団が成立いたしました。

わたくしどもはこの教団の成立と存続において、わたくしどもの弱さとあやまちにもかかわらず働かれる歴史の主なる神の摂理を覚え、深い感謝とともにおそれと責任を痛感するものであります。

しかし「世の光」「地の塩」である教会はあの当時の政府の戦争目的に同調すべきではありませんでした。キリスト者の良心的判断と、またまさに国を愛する故にこそ、あの祖国の歩みに対して正しい批判を為すべきでありました。しかるにわたくしどもは、教団の名において、あの戦争を是認し、支持し、その勝利のために祈り努めることを内外に向かって声明いたしました。わたくしどもは教団の名において、吠える狼とともに吠えたのであります。

まことにわたくしどもの祖国が罪を犯したとき、私どもの教会もまたその罪におちいりました。わたくしどもは「見はる者」の使命をないがしろにいたしました。心の深い痛みをもって、わたくしどもは今一度この罪を懺悔いたします。

「世の光」「地の塩」である教会は、あの当時の政府の戦争目的に同調すべきではありませんでした。まさに国を愛する故にこそ、キリスト者の良心的判断によって、祖国の歩みに対し正しい批判を為すべきでありました。

しかるにわたくしどもは、教団の名において、あの戦争を是認し、支持し、その勝利のために祈り務めることを内外に声明しました。

まことにわたくしどもの祖国が罪を犯したとき、わたくしどもの教会もまたその罪におちいりました。わたくしどもは「見張り」の使命をないがしろにいたしました。心の深い痛みをもって、わたくしどもは今一度この罪を懺悔いたします。

「世の光」「地の塩」である教会は、あの戦争に同調すべきではありませんでした。まさに国を愛する故にこそ、キリスト者の良心的判断によって、祖国の歩みに対し正しい判断をなすべきでありました。

しかるにわたくしどもは、教団の名において、あの戦争を是認し、支持し、その勝利のために祈り努めることを、内外にむかって声明いたしました。

まことにわたくしどもの祖国が罪を犯したとき、わたくしどもの教会もまたその罪におちいりました。わたくしどもは「見張り」の使命をないがしろにいたしました。心の深い痛みをもって、この罪を懺悔し、主にゆるしを願うとともに。世界の、ことにアジアの諸国、そこにある教会と兄弟姉妹、またわが国の同胞にこころからのゆるしを請う次第であります。

終戦から二〇年余り、私どもの愛する祖国は、ふたたび多くの問題を孕む世界の中にあって、その歩むべき道に思いまどっております。この国にあって、教団は、主の恵みによって開かれる「明日」を、隣人と自己とすべての人のために望み見ております。

今この時点と、また将来において、日本の教会としての教団が、正しくその使命と責任を果たしてゆくために、わたくしどもはこの過去の誤りと、その傷の痛みを、教団を正しい教会として成長させたもう恵みの主に向かってささげる祈りの踏み石としてまいります。

主の助けと導きを求めつつ、わたくしどもは、世界の、ことにアジアの諸国、そこにある兄弟姉妹、またわが国の同胞に、今一度わたくしどもが祖国日本と共に犯した罪と誤りのゆるしを乞い、明日に向かっての決意を表明するものであります。

一九六七年　月　日

日本基督教団総会議長　鈴木正久

終戦から二〇年余り、わたくしどもの愛する祖国は、今日多くの問題を孕む世界の中にあって、ふたたびその歩むべき道におもいまどっております。この国にあって、教団は隣人と自己とすべての人のために、主の恵みによって開かれた「明日」を望み見ております。

この時点において、わたくしどもは、教団が正しくその使命と責任を果たしてゆくために、この過去と過失と、その傷の痛みを、恵みの主にむかってささげる祈りの踏み石としてまいります。

主の助けと導きを求めつつ、世界の、ことにアジアの諸国、そこにある教会と兄弟姉妹、またわが国の同胞に、今一度わたくしどもが祖国日本と共に犯した罪と過失のゆるしを乞い、明日に向かっての決意を表明するものであります。

一九六七年三月二六日復活聖日

日本基督教団総会議長　鈴木正久

終戦から二〇年余を経過し、わたくしどもの愛する祖国は、今日多くの問題をはらむ世界の中にあって、ふたたび憂慮すべき方向にむかっていることを恐れます。この時点においてわたくしどもは、教団がふたたびその過ちを繰り返すことなく、日本と世界に負っている使命を正しく果たすことができるように、主の助けと導きを祈り求めつつ、明日にむかっての決意を表明するものであります。

一九六七年三月二六日復活主日

日本基督教団総会議長　鈴木正久

4 「戦争責任告白」の反響

日本基督教団がその創立以来発表した数多くの文書の中で、この「戦争責任告白」ほど賛否両論を含めて多くの反響を呼んだものはない。「戦争責任告白」への賛意を表した投書や文書、あるいは逆に反対と批判を表明した文書を、当時の『教団新報』や『キリスト新聞』等の各新聞や、『福音と世界』『月刊キリスト』、あるいは教団内の諸グループの会報等からデータベース化してみると、一九六七年だけで二百件を超える資料件数が上げられる。そして教団内のこの議論と対立が、その後まもなく起こる万博キリスト教館・東神大問題をめぐってのいわゆる「教団問題」における論議に直接的にも間接的にも結びついている事実も否定できない。この項では、それらの資料をもとに「戦責告白」がどのように当時の諸教会で受け取られ、あるいは拒否反応を起こしたのかを探ってみよう。その場合、①常議員会における議論と文案の修正、②教団内外の反応、③五人委員会による収集に整理して記述することとする。

①常議員会における議論と文案の修正

「戦争責任告白」をめぐる議論の第一ラウンドは、言うまでもなく教団常議員会においてであった。一九六七年二月二十日～二十二日に開催された第三回常議員会における長時間にわたる議論は、その後教団内外において展開された「戦責告白」への反発や批判をほぼ先取りするものであった。常議員会の逐語記録をもとに、「戦責告白」原案についての議論の論点を発言者ごとに整理すると以下のような項目が上げられる。

・「戦責告白」が鈴木正久教団議長名で公表されるのは何故か。（長谷川保）
・教団創立当時の指導者で生存している人々と話し合ったか。昭和二一年の全国基督教大会における宣言文との関係をどうするか。我々が戦争裁判を受けているような感じがする。（瀬谷重治）
・教憲によって「教団の成立は神の導きである」と信じ告白してきた者はどうなるのか。「戦責告白」はそれを否定しているように読める。（田中伊佐久）
・教団の名で出すならよほど慎重に。（多数決の）採決に持ち込まぬようにしてほしい。（山北多喜彦）
・賛成だが、常議員会で決めるのはどうか。各個教会からの盛り上がりが大切。少し発表が遅れても、各教区総会で取り上げて、各個教会で話し合ってからにしたほうがよい。（宮崎明治）
・宮崎の意見に賛成。「戦責告白」にいう「見張りの使命」と言っても、あの時点で他にどのような道があり得たのか。（森里忠夫）
・なにより日本の伝道が大切。週刊誌の材料になるだけ。反対しないが賛成もできない。（遠藤栄）
・「戦責告白」を発表することに賛成。つまづきや困難が起きた時こそ、今後の教団が正しく歩んでいく時だと思う。（大村勇）

・昭和二二年の宣言で既に懺悔している。一度でよい。それ以上徹底的にするなら教団を解散する以外にない。（市川恭二）

・明日の教団、明日の問題として受け取りたい。（佐古純一郎）

・ここでは年を取ったものだけが議論をしている。教団の七十六パーセントを占める若い人の声を聞かなければならない。戦後、社会一般は戦争責任者が責任を取ったが、教団の首脳部は責任を取らなかった。昭和二二年の懺悔は事実だが、ただ責任ある態度を示さなかったことが問題。（松本広）

・「戦責告白」が内容的に修正されるようなら自分は信徒として教団の中に位置がなくなる。そもそも信徒に分かるようにという配慮が信徒を馬鹿にしている。（大島孝一）

・戦時中自分がどこにいたかによって受け取り方が違ってくる。心配するより「戦責告白」を発表することが大事。昭和二二年の宣言文を自分も含めほとんどの人は忘れていた。当時の指導者たちの苦衷に同情しつつ、自分の問題として受け止めたい。（吉田満穂）

・『伝道十か年計画』の柱である「体質改善」で考えたことも同主旨であった。但し「戦責告白」が発表されれば、教団は混乱すると思う。しかし混乱を経なければ教団の体質改善はできない。（隅谷三喜男）

・「戦責告白」に反対しないが、解説文のほうは責任追及的印象が強すぎる。教会は神の前に罪人の群れであるから、赦しの言葉もほしい。（西村次郎）

・キリスト者から悔い改めるべきである。客観的批判は難しいが「戦責告白」に賛成。（大山寛）

大略以上のような議論の末に、既に六〇～六三頁で紹介したように、第三回常議員会はかなりの部分の字句修正を経て、「戦争責任告白」を賛成十九票、反対二票で可決・承認することになる。

さてここで、「戦争責任告白」の原案がこのような常議員会における議論の結果どのように修正されたかが問題になる。鈴木正久議長の執筆した第一次案、第三回常議員会に提案された第二次案、さらに第三回常議員会において選出された字句修正のための小委員会案、そしてそれに常議員の提案で加えられた部分修正という極めて複雑な過程をたどった「戦責告白」文案の修正過程をたどってみると（六〇～六三頁参照）、意外にも、常議員たちの批判ゆえに骨抜きにされたり、あるいは曖昧化されたりしたことはほとんどないことに気づかされる。むしろ文体が整えられ、論旨が明確にされているという印象すら受ける。すなわち「戦争責任告白」は、字句修正が施されたものの、原案の主旨に重大な修正や変更を加えることなく発表されたという結論になる。

そのひとつの例として、最大の論点の一つであった「教団成立」をめぐる議論と文案の変遷を挙げることができる。鈴木正久の原案は「明治初年の宣教開始以来かねがね諸教派を解消して日本における一つの福音的教会を樹立したく願っていたキリスト者たちは、この政府の要請を契機として教会合同にふみきり、教団が成立いたしました」となっていたのだが、第三回常議員会に提出された第二次案ではそれを一部修正し、「政府の要請を契機として」を「政府の要請のもとに教会合同にふみきり」と変更している。ところが最終案では「明治初年の宣教開始以来、わが国のキリスト者の多くは、かねがね諸教派を解消して日本における一つの福音的教会を樹立したく願ってはおりましたが、当時の教会指導者たちは、この政府の要請を契機に教会合同にふみきり、ここに教団が成立いたしました」と再修正する。これは「政府の要請のもとに」では、教団成立に向けての内的な必然性を全く顧慮していないという印象を与えることを配慮して、「政府の要請を契機として」に戻し、さらに「当時の教会指導者たちは」という主語を加えることによって、責任主体を明らかにするように変更したと解釈できる。少なくとも、常議員会における論議によって原案の主旨を歪められていないことは確かである。

予想される諸教会の反対意見や、感情的な反発などの混乱を心配する意見がかなりの常議員から表明されているものの、「敢えて混乱を乗り越えなければならない」との隅谷発言に励まされるようにして、重要議案として出席議員の三分の二以上の賛成を必要とすることを確認したうえで賛否の多数決を取り、反対票が二票出ながらも、常議員会は絶対多数で「戦争責任告白」の決議に踏み切ったのである。

②教団内外の反応

「戦争責任告白」は「一九六七年三月二六日復活主日」付けとなっているが、実際には三月半ばに発行された『教団新報』三月十八日号（第三五〇〇号）の紙面に、「戦争責任告白」の全文と、「議長書簡をおくるにあたって」という教団副議長飯清と教団書記木村知己連名による経過と解説を含んだ文章を付し、さらに資料として、一九四六年六月九日全国基督教大会における「宣言文」と、第一四回教団総会に提出された「教団として戦争責任に対する告白を公にすることの決議」の各全文を再録する形で公表された。また直ちに英訳・ドイツ語訳文等が作成され、関係する各国教会に送られた。「戦争責任告白」発表後、教団内外の反応は教団執行部や常議員会の予想をはるかに越えるものであった。

まず「戦争責任告白」を評価し賛成する立場であるが、『教団新報』等に評価し、共感と賛意を表明する投票が多数寄せられた。それらの多くは、この「戦争責任告白」によって初めて日本基督教団がどのような教会であるかが明確にされたとし、「明日の教団」に対するビジョンと使命、方向性がはっきり打ち出されたという評価で、どちらかといえば若い世代の教職・信徒たちの反応であったと言えよう。また、韓国をはじめ、台湾、フィリピン等アジアの諸教会からの積極的な評価の反応が伝えられている。

しかし『教団新報』や『キリスト新聞』等の紙面を賑わせたのは、むしろ「戦争責任告白」に疑問を呈し、批判や反撥を表明する人々の見解であった。それらの反対意見は次第に「教団問題について の懇談会」というグループに結集されていき、いくつかの変遷の末、同年五月には、このグループから「教団の現状を憂い、鈴木議長に要望する書」という長文の批判文書が発表されるに至る。この文書で展開されている「戦争責任告白」批判の内容は、「一、戦時下の教会」「二、教会の預言者性」「三、教団成立の問題」「四、教団総会への態度」「五、手続き問題」「六、むすび」の各項目からなるが、既に第三回常議員会議場において提起された批判や疑問と大部分重なるものであった。しかしなによりこの文書に署名した「在京発議人」の陣容が目を引いた。その主だった人々の氏名を列挙すれば、稲垣守臣、稲垣徳子、浜崎次郎、原登、本田清一、小原十三司、鷲山林蔵、加藤亮一、上良康、竹前昇、都留忠明、武藤健、向井芳男、奥山作一、福島勲、藤田昌直、小崎道雄、海老沢宣道、湯川文人、水野正巳、宮内彰、田中穣治（いろは順）などである。

この人々の中には、歴代の教団議長を含むかつての教団指導者たちが名を連ねており、また旧教派の流れを汲む教団内諸グループを代表する教会指導者たちが並んでいた。そしてそれらの教団内諸グループに属する人々は、それぞれのグループの機関紙において活発に「戦責告白」批判を展開することになる。

例えばその一つの例として、旧・組合教会の流れをくむ人々が発行していた『基督教世界』を取り上げると、一九六七年六月号において常議員でもある田中伊佐久が「反対者の告白」という一文を、棟方文雄が「私は招待を断る」、向井芳男が「告白声明への批判」をそれぞれ寄稿し、さらに「主張」において無署名ながら「危険な告白文」なる表題をもとに「戦争責任告白」を批判し、紙面を挙げて「戦争責任告白」批判を展開している。しかしながら同じ『基督教世界』の八月号では、一転して「戦争責任告白」を評価する論陣が張られ、石田正弘が「今の時点でこそ」を巻頭に執筆して「戦争責任告白」を全面的に評価し、また「戦責告白をめぐって」の座談会では種谷俊一、大橋弘、益谷寿、小柳伸彰らが「戦争責任告白」を積極的に評価する立場から議論を展開している。「後記」によれば、編集委員会でも大激論があり、六月号では反対の立場から編集し、八月号では「告白文賛成者の責任において編集した」とあり、同じグループの中においても「戦争責任告白」をめぐる議論の激しさとその影響の大きさが伺える。

またこのような「戦争責任告白」反対・批判の声を背景として、五月十九日には小崎道雄、武藤健、白井慶吉、大村勇の教団歴代議長が教団を訪問し、鈴木正久議長、飯清副議長、木村知己書記らに「事態への憂慮」の意向を伝えている。

これらの「戦争責任告白」批判に対して、さまざまな反論もまた展開されるが、当初その中心は教団議長鈴木正久その人であった。鈴木は『教団新報』『キリスト新聞』『福音と世界』などに積極的に執筆し、意を尽くして「戦争責任告白」に込められた真意を述べるとともに、舌鋒鋭く批判者たちへの反論を展開した。その発言が批判者たちを逆なでし、さらに感情的な反撥を呼ぶという側面があったことも否定できない。そのような中で、「戦争責任告白」をめぐる議論は次第に収拾のつかない教団内の亀裂を示し始める。「戦争責任告白」の投げかけた問題はそれほど深刻であった。

③五人委員会による収拾

「戦争責任告白」に対する教団内の賛否両論は、四月、五月の各教区総会においても続き、教団執行部はその対応に苦慮することになる。六月十二日に開かれた第五回常任常議員会は、「常議員会から五名の委員を上げ、その処置一切を研究させることにしてはどうか」という提案が賛成多数で承認され、北森嘉蔵、菊池吉弥、秋山憲兄、佐伯倹、木村知己の五名からなる通称「五人委員会」が発足する（「五人委員会」設置の正式決定は、七月六日開催の第四回常議員会）。五人委員会は北森嘉蔵を委員長に選任し、以降精力的に活動を展開する。「戦争責任告白」推進の人々との面談や、反対運動の人々からの聞き取り調査を経て、九月十一日開催の第六回常議員会に、「『第二次世界大戦下における日本基督教団の責任についての告白』めぐって」（通称「五人委員会報告」）提出し、承認を得て『教団新報』

に公表した。この報告は「常議員会の姿勢」「告白文発表の時期」「信仰告白と『告白文』との関係」「教団創立の問題」「戦時下の教団」「将来の教団」「鈴木議長個人の言説」の各項からなり、「戦争責任告白」をめぐって起こった教団内の議論と混乱の整理を行っている。

当初この「五人委員会報告」は中間報告とされていたが、なお続く反対者たちへのいくつかの対応の後、一九六八年二月に発表された五人委員会委員長北森嘉蔵の「総括的なお答え」をもってその役割を実質的に終了する。さらに一九六八年十月二十一日～二十四日に開催された第十五回教団総会において、議案四〇号「『第二次世界大戦下の日本基督教団の責任についての告白』に関して取られた常議員会処置について特別報告を求める件」(提案代表者・湯川文人)をめぐって「五人委員会の報告」を含む常議員会の取り扱いが承認されることによって議論は打ち切られ、「戦争責任告白」の位置づけと解釈として定着することになる。

この第十五回教団総会は、財政自立を伴う教団機構の抜本的な改正を目指す「機構改正」関連諸議案が承認されると共に、鈴木正久議長が再選され、同時にその後教団内で大問題となる「万博キリスト教館に関する件」が可決されることになる総会であったが、以降少なくとも表面的には「戦争責任告白」そのものをめぐる議論が沈静化していくことになる。

このように「戦争責任告白」発表から第十五回教団総会における「議論の終結」までを追っていくと、やはり「五人委員会報告」及び北森嘉蔵の「総括的なお答え」が、実質的に「戦責告白」の「真意」を説明し、それを教団の公的な解釈として定着させたことになる。そこで改めてこの「五人委員会報告」と「総括的なお答え」の内容を吟味し、それが果たして「戦争責任告白」の解釈として妥当なものであったのかが問われなければならない。

日本基督教団史の研究者である土肥昭夫によれば、この「五人委員会報告」、中でも同委員長であった北森嘉蔵こそが、「『戦責告白』の風化を促進する役割を果たした」と批判される。土肥は次のように指摘する。

北森氏は独自の福音の論理、つまり否定媒介的、中保的論理で、告白賛成者と反対者の間に立ち、両者を適当にたしなめつつ、告白の問題提起を見事に骨抜きにする役割を演じている。すなわち、（1）告白文発表の時期が遅れたことを、敗戦後の教団とキリスト教の質や構造の批判的検討によって説明しないで、機構改正で処理すると弁護する。（2）信仰告白と戦責告白を信仰と行為の問題とし、両者を切り離すことによって、信仰告白も戦責告白もその内実を矮小化してしまう。（3）教団と教団成立を分離させることで、教団を聖域化してしまう。（4）戦時下の教団の戦争協力を「とりなし」という語で弁護する余地を残す。（5）教会の政治的対応を平和と民主主義を守ることで切ることによって、教会の具体的な決断や行動を回避させる。

真理問題を不在にして、ひたすら現存の教団擁護を第一義的に考えられる北森氏の姿勢は、戦時下と変わらない戦後の教団の体質を見事にうきぼりにするだろう。ただ問題は、このような氏の見解をあまり問題にすることなく、むしろこれを支える役割を果たした五人委員会や常議員会の体質は何かということである。当時五人委員会の一人であり、教団書記であった木村知己氏によれば、五人委員会は政治的収拾に終始した。委員会の中間報告について、鈴木議長と自分は一晩話し合ったが、当時教団は財政自立、沖縄キリスト教団との合同など、取り組まなければならないスケジュールがいろいろあり、それらを推進していくためには、あの報告で処理してしまうより仕方がないということで合意に達した。「今にして思えば、まことに慚愧に堪えない」と洩らされた。このような意味においても、戦争責任告白は教団の体質を明らかにしたと言えるだろう。だがそれだけに終わったのであり、教会の自己変革の道程はなお遠くかつ厳しかったのである。

（「土肥昭夫戦責告白の歴史的意義」『日本プロテスタント・キリスト教史論』所収）

さらに、この「五人委員会報告」を批判して「二元主義と一元主義の総合（五人委員会の答申について）」を書いた井上良雄は、後にこの当時の事情を回想して、次のように記している。

日本の教会の戦争責任の問題について……この鈴木議長名による「戦責告白」の発表以来、事柄は日本基督教団全体の問題として、論議されるようになった。そのことが私たちにとって大きな喜びであったことは、言うまでもない。ところがそのような喜ばしい論議が、「教団全教会への牧会的配慮のため」と称する「五人委員会」によって、まったく政治的に収拾され、その「答申」だけが、教団の公の文書として後に遺されることになった。その後二年して、日本基督教団は「紛争」の渦の中に陥り、長期間苦しむことになるが、それはこの「答申」に典型的に示されたような教団のあり方と、無関係ではないと、私には思われる。

（井上良雄『戦後教会史と共に　一九五〇〜一九八五』）

この「五人委員会報告」と北森嘉蔵の「総括的なお答え」の問題点は、既に土肥昭夫や井上良雄がそれぞれ指摘しているとおり、きわめて巧妙なすり替えの論理展開となっている。例えば「教団成立」の問題について、「教会が犯すあやまち」には「第一には、教会を教会でなくしてしまうような質のあやまち」と、「第二には、教会が教会となった上で、その教会が犯すあやまち」の二つがあり、「戦責告白」に言う「教団の成立と存続において、私どもの弱さとあやまち」とは「国家権力に服して妥協したというような第一の場合のあやまち」ではなく、「教派合同に当たって解決しておくべき問題と十分に取り組まないで合同に踏み切った」（信仰告白をもたないまま教団が成立した事情を指す）というような第二の場合のあやまちであるとする。このような形式的論理による説明と解釈が、「戦争責任告白」が本来目指した教団の体質改善と新しい出発への姿勢を曖昧にし骨抜きにするものであることは言うまでもない。

もっとも北森は、一九六八年一月二十二日開催の第十回常任常議員会に対して、次のように「戦責告白の真意を解釈する」ことの妥当性を問うている。

告白文に対する反対者の中には「教団創立において犯されたあやまち」という表現のゆえに、告白文を撤回することを要求する人々もある。五人委員会の答申は、この撤回要求を収拾する方法として、宗教団体法を契機とした合同が今日は問題を十分に解決しなかったことにおいて「あやまち」を犯したと解釈して、これを「真意」として伝えようとした。委員長として常議員会の判断をうかがいたいのは、この解釈以外にあの争点についての収拾方があるであろうかということである。

（「常議委員会記録」より）

常議員会はこのあからさまな北森の解釈要求を容認することによって「戦争責任告白」に一定の枠をはめることになった。

同様に、「戦争責任告白」論議の中で問題となった戦時下の教団の戦争責任についても、あるいは今後の教団の政治的な態度の表明の問題についても、「五人委員会報告」による「戦責告白の真意」の解釈によって事態の収拾がはかられることになる。これが「戦争責任告白」をめぐる教団の混乱と収拾の実態と結末であった。

むすび

「戦争責任告白」を携えて鈴木正久教団議長、木村知己書記が韓国三教会（イエス長老教会、基督長老教会、監理教会）及び台湾基督長老教会を訪問したのは、六七年九月のことである。彼の地の教会はこれを高く評価し、「教団と課題をともに担っていける確信を得た」と表明した（『教団新報』一九六七年十月十七日号報道）。アジアの諸教会と教団との交流は、もちろんそれ以前から取り組まれていたが、まさにこの「戦争責任告白」によって実質的・内実的な交流が始まったと言えるだろう。と同時に、CCAやWCCなどを通して、日本基督教団は「戦争責任告白」を公表した教会として世界の教会に認知されるようになる。その意味で今日のアジアの諸教会、世界教会と教団との交流の基盤に「戦争責任告白」があると言っても過言ではない。

にもかかわらず、「戦争責任告白」をした教団の実態はかくのごときものでしかなかった。それほどに日本基督教団の「体質は改善されないままであり」（隅谷三喜男）、その教会的内実は脆弱であった。その後間もなく、「戦争責任告白」制定に向けて指導力を発揮した鈴木正久が教団議長現職のまま病気に倒れて死去し、時を同じくするようにして万博キリスト教館問題を端緒とするさらなる教団の混乱が始まる。しかしそれは、このように五〇年前の教団の実態を検証してみる時、あまりにも当然の結果であったと言えるかもしれない。戦後七十年を経過し、なお続く教団の混迷と模索の中で、「戦争責任告白」がめざした「明日に向かっての決意」は、今こそその内実が問われねばならない。

【参考文献】（紙数の関係で、参考にした主な単行本のみあげる）

石原謙『日本キリスト教史論』新教出版社、一九六七年
日本基督教団史編纂委員会『日本基督教団史』教団出版局、一九六七年
海老沢有造・大内三郎『日本キリスト教史』教団出版局　一九七〇年
土肥昭夫『日本プロテスタント教会の成立と展開』新教出版社、一九七五年
福田正俊・雨宮栄一編『福音を恥じとせず　聖書・信仰告白・戦責告白』教団出版局、一九七三年
雨宮栄一『日本の告白教会の形成』新教出版社、一九七五年
土肥昭夫『日本プロテスタント・キリスト教史』新教出版。一九八〇年
土肥昭夫『日本プロテスタント・キリスト教史論』教文館、一九八七年

同志社大学人文科学研究所編『日本プロテスタント諸教派史の研究』教文館、一九九七年
教団宣教研究所『データベース　戦責告白をめぐる資料』教団宣教研究所、一九九七年
教団史資料編纂室編『日本基督教団史資料集』ⅠⅡⅢⅣⅤ、教団宣教研究所、一九九七〜九八年、二〇〇一年
賀川豊彦記念松沢資料館編『日本キリスト教史における賀川豊彦』新教出版社、二〇一一年

（本稿は、『福音と世界』新教出版社、一九九七年三月〜五月号所収の同名の論稿を改稿したものである。）

（かいのう・のぶお　千代田教会牧師）

■第2部　戦責告白とわたし

教団の牧師となることを決意させた戦責告白

秋永好晴

学生時代、内村鑑三のことを知り、その非戦論に共鳴すると共に、矢内原忠雄の軍部批判とそのために解職されたことを知り、その生き方と信仰を尊敬するようになり、無教会の集会に行くようになった。後に、学校の教師を辞して、伝道者になることを決意し、農村伝道神学校に入ったが、日本基督教団の牧師になる決断をするためには、私自身、二つの問題を抱えていた。

一つは「教会とは何か、何のためにあるのか」という問題であり、もう一つは「なぜ、戦時下に国家統制のもとに設立され戦争に協力した日本基督教団の牧師になるのか」という問題である。

前者の問題は、カール・バルトの『教会教義学』「和解論」の教会論によって「教会は世のためにある」ことを教えられ、教会に仕える牧師となることの真の意味をはっきりと知らされた。後者の問題は、戦後、二〇年余が経過していたとは言え、一九六七年に「戦争責任告白」が出されたことを知り、その告白を担うことによって教団の牧師になる決断したのであった。もし、「戦責告白」がなければ教団の牧師になることはなかったと思う。

戦争は、いかなる神の教えをもってしても正当化できないものであり、なしてはならない罪であり、悪である。

それは、十戒の「殺してはならない」という戒めにも、平和の主イエスの教え（「平和をつくり出す人たちは幸いである」「復讐してはならない」「敵を愛しなさい」「剣を取る者は剣にて滅びる」など）にも反するものであり、この世の救いと平和と和解が主イエスによって実現し、もたらされたと信じる福音にも反している。

第二次世界大戦下の戦時体制における国策によって日本のプロテスタントの教会が統合されて日本基督教団が誕生したこと、また、その教団が戦時下において皇国と戦争を支持し、戦争に協力し、アジアの人々を苦しめたことは、教団が犯した罪であると考える。その罪を犯した教団が、神の前に、また、この世界において、存在をゆるされるためには、罪の告白と悔い改めが必要である。

罪を犯した人間（または共同体）は、真に悔い改めることによって真の人間性と神との関係、及び世と世の人々との関係を回復し、また、隣人と世の信頼を回復する。その悔い改めを率先して行うところが教会である。

ボンヘッファーは『倫理』の「教会の罪責」の中で、「罪の認識が現実になる場所が教会である」、「教会とはまさに、キリストの恵みによって、キリストに対する罪の認識にまで導かれた人間の集団なのである」と書き、さらに、「この（罪の）告白によって、この世界全体の罪が教会の上に、キリスト者の上に落ちる。そして教会がこの罪を否認せず、告白することによって、罪の赦しの可能性が開かれる」と書いている。

また、カール・バルトは、『教会教義学』の「和解論」第二部の教会論の「教会の秩序」の中で、「教会法」は「範例的」であると書いている。教会の法・秩序は、この世の政治的・経済的・文化的その他様々な共同体の法の模範となるべきなのである。したがって、「罪の悔い改め」においても、教会は、世の模範とならなければならない。「いったい教会がほんとうに罪責告白をしなくて、どうして日本の国民が、いわんや日本の政治家が罪責告白をなし得ようか」（武田武長著「日本の教会の歴史的責任」『世のために存在する教会』所収）。

教団の戦責告白が公にされた後、強い反対・批判があったと聞くが、その意義は大きい。ドイツ福音主義教会が敗戦の五ヶ月後に「シュトウットガルト罪責告白」を、二年三カ月に「ダルムシュタット宣言」を出したのに対し、敗戦後、二〇年余を経て、「あの戦争を是認し、支持し、その勝利のために祈り務めた」罪を懺悔し、主と世界、特にアジアの諸国と教会に対して心からのゆるしを求めたことは、遅きに失したとはいえ大きな意味を持つ。それは韓国・台湾などのアジア、及び世界の諸教会との交流の基盤となり、教団への信頼構築の土台となった。日本の教会に関心を持つ世の人々もまた、この戦責告白によって教団に対する信頼を得たのではないだろうか。

しかし、「戦責告白」は十分なものではない。特に十戒の第一戒を犯した罪の告白がないこと、「教団の成立と存続において、働かれる歴史の神の摂理」という表現に見られる懺悔の不徹底、「祖国」にみられる国家相対化の視点の欠如など見直しが必要であろう。その点で関東教区が一四年余りの検討を経て「関東教区日本基督教団罪責告白」を出されたことは、今後、教団の第二の「戦責告白」や「信仰告白」を考える上で実に貴重なことである。

さらに、「戦責告白」を過去のものとせず、現在、及び将来の問題として、教団、各個教会、各牧師、各信仰者においてそれぞれ真剣に受け止められ、生かされているのかを問わなければならない。

戦後、七一年を経た現在、国内においては戦争体験と戦争責任の風化と著しい右傾化・ナショナリズム化の風潮が見られる。また、様々な自由の制限・貧富の格差・ヘイトスピーチなどにみられる非人間的な差別の増大、「戦争のできる国」への体制作りなど、戦時体制へとゆるやかに傾斜している。そのような今、再度、「戦責告白」の意味と意義を信仰によって深く受け止め、「見張り」の務め・和解の務め・平和構築の務めを担い、まっとうすることが求められている。

（あきなが・よしはる　鶴川北教会牧師）

教団の信仰への問い・促しとして

池田　伯

日本基督教団成立の経緯や戦中の教団の動き、また教団信仰告白制定にいたる流れやその内容に、自分の信仰の出自にかかわることとして関心を寄せ、それらの経緯をいくぶんなりと知る者にとって、戦争責任告白の公表は、その文言・内容のあれこれをこえて、違和感はなかった。というより、その教会としての誠実な信仰姿勢に共感し、その意義を思い、これを契機としての教団のその後の教会としての形成・歩みに期待したのであった。その後教団に、その期待がなかなか困難と思わせるような多くの動きがあったし今もあるが、しかしこれは今に至る私の変わらぬ思いである。

その期待とは何であったか、また何であるのか。当時この「告白」による教団のキリスト告白の新しさ（「歴史の主」といったことを含め）を思いその進展を願ったのであったが、それを明確に言葉化できていたわけではない。その期待を今の私の言葉で言えばこうである。教団の教会としての深化と拡がり――直接的にはその信仰の聖書的復権である。さらに教団の告白するイエス・キリストの聖書的復権である。そのキリスト信仰による教会理解・宣教の進展である。

なぜ信仰の聖書的復権なのか。信仰の本質、それは神の（イエス・キリストによる）恵みの救い（贖罪を核とする全般的・全領域的救い）とそれに応える人の全人格的な神讃美と悔い改め・懺悔に違いない。しかし教団の公の信仰には懺悔の余地がない。懺悔不要、もっと言えば懺悔を許さない信仰である。戦争責任告白は結果の一つとしてそのことを炙りだした。

告白が公表された直後から教団内にそれに対する多くの激しい批判論議が起こり教団を二分するような状態であった。時の常議員会はその収拾をはかるべく五名を選任、その任に当たらせた。その「五人委員会」の作業結果が六七年九月の常議員会に「答申」として出され、常議員会はそれを是とし承認したのである。

その答申の主要部の一つで語られているのは、戦責告白で表明されていることが「信仰と行為」の行為のことだということであり、行為は「生き方」の問題だということである。信仰においてではなく生き方における懺悔だというのである。ここには明らかに信仰においては誤りがあったわけではないとの主張がある。教団成立時も戦中も教会は義認・贖罪の主を信じることで的を外すことはなかったが、生き方において反省懺悔すべきことがあった——これは単に政治的収拾策だけでなく、むしろ本音だと受け取らざるを得ない。私はここに、教団成立以来戦後も、そして今日もずっと変わらずに流れている教団の信仰の体質を見ざるを得ない。この「信仰」には懺悔はおよそ起こりえない。懺悔がなければ教会は同じ質の過ちを自覚なく繰り返す。

教団のこの信仰の背景には、プロテスタント教会で語られてきた「義認と聖化」があり、義認に対応するのが信仰、聖化に対応しての「行為」・生活、という図式的理解があると言わざるをえない。しかしこれは、少なくともカルヴァンなどが言う「義認と聖化」の誤解である。

この信仰理解は現行の教団信仰告白にも「信仰と生活」という言葉で象徴的に語られている。これは一九四一年一一月文部大臣認可の「日本基督教団規則」第五条「教義ノ大要」の信仰理解でもある。だからこの第五条は第七条「生活綱領」第一項「皇国ノ道ニ従ヒテ各其ノ分ヲ尽シテ皇運ヲ扶翼シ奉ルベシ」と両立できている。この信仰理解に立つならば、両者はその質において、言葉は変わり形は変わり時代は変わっても、いつでも両立可能である。

これが今日に至る教団の公の信仰である。

この信仰理解は、教団のキリスト告白と表裏だと言わなければならない。現行教団信仰告白においてキリストは、神の啓示者であり、神のみ子であり、罪（人）の贖い主としての救い主である。それだけである。もちろんそのことに間違いはない。しかし聖書でキリストはメシアである。聖書の告げるメシアは贖罪主と恒等式で結ばれるのか。

贖罪を欠いて福音はない。しかし聖書の証するキリストは神の創造の広がりにおけるメシアであり、その十字架はまた万物の和解・平和のためであり、主イエスは神のバシレイア（支配・国）のもたらし手である。そうだとすれば、救い主キリストを罪の贖い主と限定的に語る信仰告白でよいのか。総体としての人間、その社会や歴史、また被造物すべてに及ぶ救いの支配主キリストを告白する。そのキリストを信じそのキリストに従う、それが信仰（者）の姿であろう。そのキリスト告白によるとき教会理解・信仰理解・宣教が、より聖書に即し、豊かになるであろう。

戦争責任告白は私にとって、そしておそらく教団にとって、述べてきたような問いであり促しである。

（いけだ・あきら　隠退教師）

戦争責任告白とわたしの歩み

岩井健作

わたしは太平洋戦争（第二次世界大戦）敗戦の時、小学校六年生だった。東京から新潟の柏崎の近くに学童集団疎開をしていた。戦争に関しては直接の加害者ではない。「アジアの人々」に対して「日本人である」という大きい意味での加害者責任は勿論別であるが。戦後は父親の岐阜での開拓自給農村伝道の中で信仰を養われ、下積みの農村で「反体制意識」を培われた。一九五〇年代の大学で、「警職法」や「破防法」反対闘争に加わり、広島の教会に赴任した。「原爆」の問題に触れ「原水禁運動」に積極的に参加し、次の呉山手教会では「憲法九条」があるのに海上自衛隊の「軍艦」が並んでいる旧海軍の街には驚いた。ここでは「呉キリスト者平和の会」を立ち上げた。次の岩国教会では前任者高倉徹から引き継ぎ「社会・共産の政党や地区労（労組）」などの米軍岩国基地の撤去運動を共に担い、ベトナム戦争時には鶴見俊輔、小田実、吉川勇一に加わって個人原理の「ベトナム反戦運動」いわゆる「ベ平連」の一連の運動で、地元ならではの反戦米兵支援など、きわどいこともやった。そこで個人では活動しても「教会」は変わらないことに気付かされ、教会としてまずしなければならないことを考えた。既に前任者の高倉徹は「教団」の当時の宣教路線「伝道圏伝道」と「体質改善」を地元で着実に実行していた。労働組合との連帯運動なども、岩国地区の牧師杉原助が担っていた。杉原は「岩国キリスト者平和の会」を立ち上げていた。何が欠けているのかを考えるうちに、教団・教会の歴史意識であることに気づいた。折しも一九六六年「第一七回夏期教師講習会」に西中国教区から藤田祐と共に参加した。校長は鈴木正久であった。ここで「教団として過去の戦争に協力した責任を表明しないと現場では伝道が出来ない」ことを訴えた。歴史文書では「若手教職から訴えがあり」などとなっている。そこで「講習会の運営委員である渡辺泉、岩井健作、山岡善郎、大塩清之助、内藤協および校長の鈴木正久にその準備が委ねられた。」(『日本基督教団資料集』第四巻、三二六頁以下)。その結果第一四回教団総会に渡辺 泉を建議者として、いわゆる「戦争責任告白」と「沖縄キリスト教団と日本基督教団の関係に関する件」が建議され可決された(詳細は『教団資料集』四編を参照)。

以後「わたし」の問題に関わりのある部分を記すと、「戦責」の起草は、「告白」本文は「東京」の委員が担当し、「関西」で議案の前文を担当した。可決以後は岩国で牧会する岩国教会、西中国教区の教会的体質へと深化させることに努力した。いわゆる従来から言われている「伝道活動」とどのように相即させるかが課題であった。岩国は米軍基地問題・ベトナム戦争の反戦活動があり、西中国には従来から平和や社会問題に取り組んできた教会や教師が多かった。当時の杉原助、藤田祐、山田守、榎木昭三、筒井洋一郎、曽根原穹、そしてもちろん筆者も含めてが推進力であった。(記憶なので、漏れた方がいれば失礼)。

その後一九七八年に神戸教会の招聘を受けて兵庫教区に移った。神戸教会の設立は一八七四年、旧組合派設立の最古の伝統がある教会であり、日本の近代を担ってきたキリスト教の典型の教会である。「戦責告白」になじむまでには牧会全般での取り組みが必要であり二四年の牧会で毎年の「宣教方針（案）」に「戦責告白」の意義を盛り込み、教会活動全般にわたって取り組んだ。一九九二年発行の『近代日本と神戸教会』（一九九二、武藤誠、笠原芳光、岩井健作、中永公子編集、創元社）では「教会の体質改善」「『戦争責任告白』をめぐって」の二項目を設け教会の実質的な取り組みを検証する記録を残した。二〇〇二年三月神戸教会を辞任し「妻の実家」のある鎌倉に移り、教団隠退教師になったが、神奈川教区の「基地自衛隊問題小委員会」などでしばらく基地問題に関わった。その後様々な係累で現在は高崎市の老人福祉施設、社会福祉法人新生会（理事長 原慶子）の老人ホームに身をおいている。この施設の基盤は聖公会である。一昨年『兵士である前に人間であれ』（二〇一四年 ラキネット出版）を上梓した。今までの「反基地・戦争責任・教会」に関する論考を「ラテンアメリカ・キリスト教ネット」の沖田忠子氏、大倉一郎氏、大久保徹夫氏にまとめていただき感謝している。「戦争責任」への論考で欠かす事ができないのは、「本土」の「沖縄」への加害者責任である。筆者は「教団と沖縄キリスト教団との合同のとらえなおし」特設委員会に長年関わった。最近『戦う民意』（翁長雄志 角川書店二〇一五）、『日本にとって沖縄とは何か』（新崎盛暉、岩波新書二〇一六）、『ベ平連と市民運動の現在―吉川勇一が遺したもの』（高草木光一著 花伝社二〇一六）など沖縄関係や市民運動関係の書物を読み、心を「辺野古の闘い」に馳せ、今は亡き吉川勇一を深く追想している。

（いわい・けんさく　隠退教師）

戦争責任告白と贖罪信仰

内坂　晃

第三九回日本基督教団総会は「伝道する教団の建設、信仰の一致に基づく伝道の推進」を主題に掲げた。そしてその信仰の中心は贖罪信仰だと言われる（第七回信仰職制委員会）。また戦責告白が出されるまでの話し合いの中では、戦時中も福音は正しく語られていたとの発言もあった（『福音と世界』九七年四月号、四三頁）。ということは、戦責告白とは結びつかない「正しい」福音宣教があるということであり、贖罪信仰もあるということである。日本基督教団の戦責告白が発表された当時、私は別の教団に所属していた。そしてその教団でも、自分たちも「戦責告白を出すべきではないか」との声があがり、その論争で教団はもめた。その論争の中で、ある一人の長老格の御婦人がすっくと立って、次のように言われたことを私は今でもはっきり覚えている。「私どもの罪は、全て、もうイエス・キリストの十字架の贖いによって赦されているはずです。何を今さら戦責告白を出せだの何だのと言わなければならないのですか」と。ここでは彼女の贖罪信仰が、戦責告白を拒否する根拠となっている。彼女にとって十字架の贖いによる罪の赦しとは、罪をきれいに洗い流す魔法の水の如きものと受け止められていたのではないか。罪の赦しが人格関係に関わるものである以上、それは許す側の相手に痛みを与えることであり、許される側に謝罪の心と自発的な償いの姿勢を生み出す。だとすればキリストに罪赦された者は、自分たちが傷つけ殺害した人々、キリストの愛の対象である人々に対し、謝罪を乞い、出来る限りの償いをなそうとするのは当然ではないか。これがそうならないとするなら、その人の贖罪信仰の内容、その受け止め方に問題があるのではないか。そのような問題に踏み込むことなしに、一片の教義としての信仰告白の一致をもって、同じ信仰に立っているとの理解はおかしいし空しいと言わざるをえない。

戦後、侵略戦争であった事実と皇軍の残虐非道のふるまいなどが明らかにされてきても、罪の赦しと救いを教えの中心に据えるキリスト教が、戦責告白などは一顧だにせず、目前のキリスト教ブームに安易に乗っかっていったのはなぜなのか。罪の問題を個人の心の問題に限定し、社会の問題はまた別という二元論に終始していたということであろうか。だとすれば「戦時中も福音を正しく語っていた」というかつての戦争協力をしていた教団と、本質は変わっていないということではないか。これは戦後も変わらない教会の新約偏重の影響もあるのだろうか。旧約においては個人も民族も国家も、神の御前においては罪は罪として糾弾されているからである。

戦責告白は、アジア諸国の教会との交流、対話の道を開いたと言われる。その事実は重く感謝なことではあるが、あの侵略戦争の罪を言う時、それは何よりも皇軍による残虐非道の行為によるアジア民衆の犠牲（中国人の死者一千万人以上、アジア・太平洋地域全体では二千万人以上と言われる）に対してのものでなければならないであろう。祖国の罪に加担したということは、具体的にはどのようなことに手を貸していたのかということの認識の広さと反省の深さの点で、今の戦責告白はなお不十分なものがあると思われる。皇軍の蛮行の背後にはアジアの民衆への蔑視があり、その蔑視の根底には神権天皇制があった。だとすれば改訂・戦責告白においては、天皇制との対峙、位置づけを抜きにしてはあり得ないのではないか。

ともあれキリスト教が罪の問題を中心に据える宗教ならば、戦責告白は不可欠と言わねばならない。私はそう思う。

（うちさか・あきら　聖天伝道所牧師）

戦争参加（予科練）から戦争責任告白へと私を導いた神の恵み

大塩清之助

①教団の戦争責任問題が重要課題として取り上げられたのは、一九六六年の「教師夏期講習会」であった。その時のタイトルは『明日の教団』であった。当時、その会に出席していた私は第一回の全体集会で「過去の過ちを反省しなければ再び同じ過ちを繰り返すのではありませんか」と発言した。その夜の運営委員会には、昼間積極的にそれぞれの立場から発言した渡辺泉、岩井健作、山岡善郎、内藤協氏らと共に私も運営委員として互選され、そこで心に秘めていた教団の戦責問題について互いに語り合った。そして「今日の全体集会に出た教団の戦争責任告白問題を二ヵ月後の第一四回教団総会に、この講習会の名で議案として提出したらどうでしょうか」と提案した。すると、当時の総幹事高倉徹氏が「今年は教団創立二五周年ですから、これを外したら今後は難しいのでは」と支持された。そして運営委員会と全体集会の総意として第一四回教団総会に建議案として提出され、常議員会付託となった。その後、重要議案扱いとなり、常議員会において絶対多数で可決された。

②しかし「第二次大戦下における日本基督教団の責任についての告白」が、公表されるや、日本内外の多くの教会から賛同の意が寄せられたが、足元の教団では、元議長を含む多くの著名牧師や信徒たちの連名の反対運動が起きた。教団分裂の危機？　とささやかれたこの危機を救うために、教団本

部では神学者の北森嘉蔵氏を長とする五人の委員会を新設し、調整に努めた。それでも収まらないので「北森委員長・総括的な答え」が執筆された。これにより今日に引きずっている五人委員会の神学的問題性が明らかになった。

③五人委員会の問題性。北森氏の宗教改革の「信仰義認」は、「信仰義認論」の要点を述べるとこのようになる。「人間は信仰によって義とされる」という「信仰義認」は、「福音の宣教によって義とされる」へと展開できる。「教団は戦時中、苦しい中でも『福音宣教』を行った。だから教団は神に義とされている」と。そして、「教団は行為においては問題があったが、福音宣教という信仰においては義とされている」ので、教団は戦時中も真の教会であったと言える。今回の教団の戦争責任告白は信仰の過ちではなく、ただ行為の過ちの宣言である」と。……しかし私はここには「信仰義認」の誤った理解があると思う。聖書は、神の福音を現すために世に来られたイエス・キリストの全生活を通し、ことに神のみ子を殺す十字架の死刑の時、「父よ彼らを赦したまえ」と祈られたイエスの罪人への赦しの愛と復活を通して、万人を赦して義とする神の究極の義（救い）が啓示されたのである

北森氏が、教団が日本のアジア二千万人殺害戦争に協力しながら、「教団は戦時下も福音宣教をした信仰の故に義とされる」と律法主義的に強弁するのは問題である。律法主義には赦しがなく、自分に反対する者を次々に処分してゆく。（私は教団の戦責告白は、天皇制批判や「イエスは主なり」との主告白がないとの批判は正しいと懺悔したい。）

④私の戦争責任告白の動機。一九六〇年の日米安保条約は、戦争放棄をした日本がますますアメリカの戦争の兵站基地となってゆく危険な年で、キリスト者も反戦運動に立ち上った。一九六三年三月

に、キリスト者平和の会はドイツのニーメラー牧師を招いて平和講演会を各所で開いた。その講演のポイントは、ニーメラー牧師がドイツの敗戦後（一九四五年五月）、三回見た同じ夢の話だった。その夢で、雲の中から神がヒトラーに「何か申し開きがあるか」と問うたとき、彼は「私は福音を聞きませんでした」と答えた。次に神はニーメラー牧師に「お前はなぜヒトラーに福音を語らなかったのか」と、彼の心に問うたというのである。

キリストの赦しの福音は「やられたらやり返せ」の戦争の連鎖を断絶する唯一の力である。ニーメラー牧師は、ヒトラーへの反戦運動のため九年もの長きに渡って投獄されていた人である。しかし、ニーメラー牧師は自分たちがもっと早くから福音に立って反戦の戦いを始めるべきであったと反省し、同じくヒトラーによって投獄されていた八人の同志と共に「シュトットガルト罪責宣言」を公表したのである。

⑤日本基督教団の中で、戦争責任告白に反対する人たちはなぜ教団の信仰は間違っていなかったと言うのか。この両者の違いはどこにあるかを考えざるを得ない。「イエス・キリストの信仰の義による万人の救い」の福音は、キリストご自身の贖罪信仰による万人の義（救い）であるから、我々人間は主に赦されて、みな兄弟姉妹となり共生と平和共存・反戦平和等、聖霊の愛の実を結ぶ「明日の教団」が約束されていると信じる。

（おおしお・せいのすけ　隠退教師）

『讃美歌21』をめぐって

小海　基

一九六七年イースターに日本基督教団戦争責任告白が出されたからこその実りの一つに、私も「讃美歌委員」やその中の「改訂委員」の一人としてその編集に関わった一九九七年刊行の『讃美歌21』があることを、多くの人が指摘してくださることは光栄であり、嬉しいことである（例えば中村信一郎「戦争責任告白としての『讃美歌21』　キリスト教主義学校の現場から」『福音と世界』一九九七年六月号、石丸新『讃美歌にあった「君が代」』新教出版社、二〇〇七年、一七〇頁以下、同『讃美歌に見られる天皇制用語』いのちのことば社、二〇一一年、二四頁、同『戦時下の教会が生んだ賛美歌』いのちのことば社、二〇一四年、一六八頁、等）。本書の「資料編」にも、『讃美歌21』が出される二年前の一九九五年十月に、日本基督教団讃美歌委員会が「戦後五十年を迎えて――『讃美歌』の歴史における私たちの責任」と題された「告白」を収めていただいた。あまり知られていないと思うので紹介しておきたい。

既に一五四三年六月一〇日にジュネーヴで宗教改革者のJ・カルヴァンが書いた「礼拝式文」の序文に当たる「読者への手紙」の中で、詩編を歌うべきだという持論を次のように語る中に、讃美歌の歌詞内容に対しては慎重であるべきだと警告されていたことは余りにも有名な話である。「〈Ⅰコリ一五・三三で聖パウロの言いますごとく〉悪しき言葉がよき品性を堕落させる、ということは真実であります。しかも、メロディーがそれに伴う場合には、それはひときわ強烈に心を貫き、中にはいります。あたかも、じょうごを用いることによってぶどう酒が容器に入れられるように、害毒と腐敗とは、メロディーによって、心の深みにまで注入されるのであります」（渡辺信夫訳）。

一八八九年以降の『讃美歌』や『聖歌』と題された歌集に「君が代」が載せられたり、その後の「日本基督教団讃美歌委員会」が編集刊行に直接あるいは間接に関係した一九三一年版『讃美歌』以降の一九四一年刊の『青年讃美歌』をはじめ、一九四三年刊の『興亜讃美歌』、『興亜少年讃美歌』、『讃美歌・時局版』、一九四四年刊の『日曜学校讃美歌・時局版』に収められた「愛国」を歌う賛美歌の数々が果たした役割というのは、「第二次大戦下における日本基督教団の責任についての告白」で語られている戦争への「同調」、「是認」、「支持」、「勝利のために祈り努めること」、「『見張り』の使命をないがしろに」したといったこと以上のこと、ましてや、いやいや国策に「屈従した」などという実態どころではなく、なりふり構わず積極的に「自発的心従」を煽るようなものであったことは明らかである。まさにカルヴァンの警告通りにメロディーに乗せて侵略主義、帝国主義といった「害毒と腐敗」が、「ひときわ強烈に心を貫き、中にはいり」、「深みまで注入」するお先棒を担いだわけである。この問題は先にあげた中村信一郎氏や石丸新氏の諸論文、著作で具体的に指摘されて白日の下に曝されたが、なにしろいずれも戦時下の限られた部数の発行物であったために、私たちにはなかなか実物そのものを目にする機会は少なかった。むしろこうした著作が出る以前は、一九五四年版『讃美歌』で払拭されずに引き継がれている表現の問題の方が問題にされてきた。例えば一九八八年一二月に教団出版局長代行名と讃美歌委員会委員長名が併記されて出された「讃美歌における不快語の読み替えについて」という一覧表があまりに不徹底であるとして、一九九一年五月六日に教団九州教区宣教部編『つげまつらまほし　讃美歌歌詞に観る問題語句・表現』に二九頁にわたって「A・天皇制・神道用語に類する語句」、「B・差別語・不快語に類する語句」、「C・意味が分かりにくい語句」、「D・その他問題を感じる語句」の四つのカテゴリーに分けて具体的に指摘されたことである。本来なら讃美歌委員会はその機会をとらえて、単なる「言葉狩り」の次元に留まらずに、以前の出版物にまでさかのぼって徹底的にそうした賛美歌表現の裏にある「神学」や「信仰」の問題まで踏み込んで答えるべきであったろう。一九九六〜九八年に手代木俊一監修の全四二巻という大部に及ぶ『明治期讃美歌・聖歌集成』（大空社）の刊行により今後もそうした研究、指摘は深まっていくことであろう。

『讃美歌21』は、一九九七年に「五四年版から三一年ぶりに改訂された『21』」であったが、時期を同じくして一九九三年にドイツ福音教会が、『福音主義教会賛美歌』（EKG）を四十年ぶりに『福音主義賛美歌』（EG）として改訂出版した。改訂『讃美歌21』への作業中であった教団讃美歌委員会は、一九九四年八月に当時旧東独側の編集委員長を務めたアヒム・ギーリンク牧師を、二〇〇〇年十月に同じく旧東独の編集委員でコラール以外の新しい賛美歌導入や海外の賛美歌の独訳作業を担ったユルゲン・ヘンキース教授（D・ボンヘッファーの獄中詩研究の大家でもある）を日本に招いている。もちろん一九七八年から始まったドイツの改訂作業の過程で出された「来るべき賛美歌事業のための原則」（一九八〇年刊）といった「基本方針」の日本側への提供なども既にされていたが（註1）、実際に二人の東独側の編集委員が来日し、直接話を聴いてみると、こうした「罪責告白」としての視点は、日本に比べてドイツ側の方がはるかにスケールの大きいものであることに改めて驚かされた。単にナチ時代の罪責に留まらないで、そもそもナチ時代を生み出すもととなったルター時代以降のコラール歌詞再検討にまで及んでいたし、また敗戦後のドイツの東西分断自体に抗して一つであろうと戦い続けたドイツ福音教会の戦いの視点まで含まれていたのである。なるほど改訂作業に四十年もかかるわけである。例えば「アブラハムの子孫（ザーメン）」という言葉がたとえルター訳聖書やルター自身のコラール作詞にさかのぼるものであっても（そしてルターにはその意図が無かったとしても）、その後の「ユダヤ人差別」の文脈の中で卑猥なはやし言葉と化した以上、検討対象とされ、別に組織された「エキュメニカル賛美歌作品作業委員会」訳語を付けられる……等のことである。またドイツが旧宗主国として植民地支配したアジア、アフリカ諸国の独立後の賛美歌に目を配って積極的に採用するということもなされている。『讃美歌21』に載ることになったD・ボンヘッファーやJ・クレッパーの賛美歌採用もそうした「罪責告白」の反映の一つであった。

そうした事実に比べれば教団讃美歌委員会の「罪責告白」やその後の取り組みはまだまだ不徹底で課題山積と言わざるを得ない。いくら愛唱者が多いとはいえ一九四三年刊の『興亜讃美歌』、『興亜少年讃美歌』に五〇篇も採用され「時代の寵児」であった宮川勇の「主を仰ぎ見れば」が『讃美歌21』に、また国民学校五年生の天才少年作曲家山本直純の曲「世界のこどもはおともだち」が二〇〇二年刊の『こどもさんびか改訂版』に改詞されて引き継がれている事実は、これからも問題とされることであろう。後者の原詩は「東亜の子供はお友だち」として一九四四年刊の「日曜学校讃美歌」の公募で生まれた。石丸『戦時下の教会が生んだ賛美歌』や『朝祷』誌第一〇六四号、二〇一六年九月一日の佃真人牧師（宝塚教会）の巻頭の記事でも指摘されているが、特に三節の「東亜の子供はお友だち

／足並み揃へて進みませう／きよい東亜を築くため／力のかぎりに務めませう」にはぎょっとさせられる。

「告白」は決して一度きりで良しとされるものではなく、これからも繰り返し掘り返され、なされていくべきものであると改めて心に刻む次第である。

（こかい・もとい　荻窪教会牧師）

註1　ドイツの讃美歌改訂委員会の「来るべき讃美歌事業のための原則」（一九八〇）については、『アレテイア』No.８一九九五年の「特集　賛美」の16～21頁に載せた拙稿「賛美——歌い継がれてゆく信仰の声　ドイツの讃美歌改定作業から」を参照。

「戦争責任告白」の重要性は増すばかり

下田洋一

「戦争責任告白」が発表され五〇年経った。わたくしの中では重要の度合いは増すばかりである。それはどういう点においてか、三点に絞って書いてみる。

＊

「戦争責任告白」は教会とは何であるかについて示している。それを端的に言えば「教会は国家と対峙する存在である」。これは聖書を貫くテーマである。

聖書によって神の民が成立した事情を言うと、ヘブライの人々が苦役を強いられていた国家エジプトから脱出し、国家から距離を置いて国家と対峙した、それが神の民の始まり。このときの神の民は国家から脱出し距離を置くという仕方でしか国家と対峙することはできなかったのだが、国家と対峙した、そこに神の民の始まりがあった。

成立後の神の民の歴史は聖書によれば、必要が生じて導入した制度としての国家とのあいだで葛藤を経験する歴史となる。神の民の歴史はこの仕方で国家との対峙における歴史であり続けた。この歴史事情は新約聖書時代史においても、その後のキリスト教史においても同様。「国家と対峙する」はキリスト教会のテーマであり続けた。

日本基督教団は一九四一年に成立したが、その成立事情は教団が国家と対峙する中においてであった。ここではその事情の詳細について述べることなく端的な言い方をするだけで許されよう。日本基督教団の成立は国家と対峙する歴史事情の中においてであったが、「国家と対峙する」ことはできず国家に組み込まれ国策の戦争に協力していった。が、留意があってよい。日本基督教団の成立は国家と対峙する中でのことであったということ。これを忘れてはなるまい。

ここから言い得ることになるが、教会は国家と対峙する存在である。これを示している「戦争責任告白」は教会にその本来の姿を想起させ、確認させ、取り戻させる、と言い得る。この意味で「戦争責任告白」は日本基督教団の教会にとって決定的に重要。わたくしは「戦争責任告白」の意義をこのように考えているので、「戦争責任告白」の重要度はわたくしの中で増しこそすれ減ずることはない。

＊

「戦争責任告白」は「罪」について改めて考えさせてくれる。この「告白」が示している「罪」は「戦争犯罪」のそれである。

聖書は「罪」を人間の個の根底に潜んでいるものとして示すが、同時に集団において現れるものとして示す。その例を挙げれば、新約聖書の福音書の受難物語に描かれているイエスを抹殺する体制集団の振る舞い。

この国日本のキリスト教会は自国の集団的戦争犯罪が生じさせた加害およびそれへの教会の協力に関し問われている。この国にある教会はこの角度から「罪」の問題を考えるよう求められている。「戦争責任告白」は「罪」を「集団的戦争犯罪」の角度から扱っており、教会に対しこの角度から

「罪」の問題を考えるよう求める。わたくしは「戦争責任告白」の意義をこのように考えているので、「戦争責任告白」の重要度はわたくしの中で増しこそすれ減ずることはない。

＊

「戦争責任告白」は「罪の告白」について考えさせてくれる。

集団的加害行為の場合、その加害行為は「犯罪」とは認識されない。そこでの「殺人」は犯罪ではなく正当な行為とされ称賛されさえする。この集団的加害行為を仕方ないことであったと是認する状況の中では「罪の認識とその告白」は生まれない。したがって「罪の告白」に基づく「罪の赦しの願い求め」は起こらない。

「戦争責任告白」は「罪の認識とその告白」という点で「欠け」があり、それが根本に関わるものであることが認められる。が、この「告白」は「罪」と向き合おうとし、「罪の認識とその告白」へと向かっている。

歴史は教訓的だ。「罪」と向き合わず「罪の告白」なしに進むと、罪の繰り返しとなる。「戦争責任告白」はこれを繰り返さないために、教会に対し「罪」に向き合い「罪の告白」へと向かうよう求める。わたくしは「戦争責任告白」の意義をこのように考えているので、「戦争責任告白」の重要度はわたくしの中で増しこそすれ減ずることはない。

（しもだ・よういち　中野桃園教会牧師）

韓国キリスト者たちとの和解と戦責告白

鈴木伶子

一九六七年復活節の礼拝で、「戦責告白」発表について、教団議長でもあった父から聞いたのですが、それが本当に自分のものになるには二〇年近い年月がかかりました。

一九八八年九月、『キリスト新聞』で、朝鮮キリスト教長老教会の神社参拝決議五〇周年という記事を目にして驚きました。植民地朝鮮の皇民化政策の一環として強制された神社参拝については、かねてから強い関心を抱いていました。ところが、日本総督府の強い圧迫の下で、長老教会総会がついに神社参拝の決議をしたのが一九三八年九月一〇日であり、東京で私が生まれたまさにその日だったことに、この時初めて気づいたのです。大変なショックを受けました。

唯一の神への信仰に立ち、天皇を祀る神社を参拝することを拒否するという信仰ゆえに、当時の多くの朝鮮キリスト者が殺された。最大教派であった長老教会も決議を強いられた。その日に私が生まれた。なぜそういう日に生まれたのか、私に何をしろと命じられているのかと問いました。とは言うものの、何かをしたというわけではありません。ただそのことを覚えていたことで、神様は思いがけない出会いを与えてくださいました。それは、私の戦争責任告白と言ってもいいでしょう。

神社参拝拒否で投獄され拷問の末殺された朱基徹（チュ・キチョル）牧師の孫である尹命善（ユン・

ミョンソン）さんとの不思議としか言いようのない出逢いもありました。彼女は徹底して信仰に生きた祖父を殺した日本人である私を赦し、私の妹となってくれました。

二〇〇五年、日韓ＮＣＣ協議会が東京で開かれました。初日の夜、簡素なレセプションでしたが、韓国からのお客様を囲み、なごやかに懇談が続いていました。ふと気がつくと、輪に背を向けている一人の韓国人参加者の姿が目に入りました。議長という接待役であった私は、その人に近づいていき、名札を見ると、韓国イエス長老教会総幹事チョー・ソンギと書いてあります。私は不思議な導きを感じながら自己紹介をし、続いて「私は一九三八年九月一〇日に生まれました」と言いました。突然生年月日を言われて、相手は当惑したように私を見ています。そこで、その日に日本の警察官の監視の下で、朝鮮イエス長老教会が神社参拝決議をしたことを話し、そのような日に自分が生まれた意味を考え、再びそのような罪を犯さないために働くことが私の使命だと考えていると、おぼつかない韓国語で語ったのです。相手は私をじっと見つめているだけで、何も言いません。はたして私の言葉が通じたのだろうかと危ぶみながら、用事で呼ばれるままに、その場を去りました。

翌朝の礼拝で、あのチョー牧師が立ち、証しを語られました。自分の父は神社参拝を拒否して投獄され、日本の敗戦で釈放された時には廃人になっており、自分たち子どもを抱えて母が苦労をしたこと、だから自分は日本を憎み、今回も日本に来たくなかったことなどを語られました。そして最後に「憎しみに捕われていた私は、昨晩から赦しと和解の喜びに包まれています」と付け加えられました。私のつたない言葉は通じていたのです。

翌年、日本のＮＣＣは、日・韓・在日の子どもを二〇人ずつ集めて子ども平和会議を広島で開こうと計画しました。フィールド・ワークを通して原爆、強制連行などを勉強し、子どもたち同士で話し合う機会を作ることが、将来の平和を作る小さな一歩になるだろうと思ったのです。おりから日本の教科書問題で韓国全土で反日感情が燃え上がり、韓国からの参加申し込みがないのです。諦めかけていたところに、韓国から参加者リストが来ました。子どもたち全員がイエス長老教会所属で、引率の若い牧師もイエス長老教会でした。これは意外なことでした。通常、いわゆる社会的なプログラムに積極的なのはキリスト長老教会で、イエス長老教会は社会的関心の薄い教派だというのが私たちの認識だったからです。名簿を見たとき、あのイエス長老教会総幹事のチョー牧師が一軒一軒回って説得してくださった結果だと思いました。並大抵の苦労ではなかったでしょう。

日本・韓国・在日の子どもたちは寝食を共にし、過去の歴史を学ぶ中で、ことばの壁を超えて仲良くなり、隣国と決して戦争してはいけないと決意しました。自分たちが大人になったら、こういう会議を開きたいという言葉も出てきました。別れるときは、皆涙でしたが、その翌年には、韓国で同じ趣旨の子ども平和会議が開かれたのです。

罪の告白とは言えないような、私のつたない謝罪の言葉でしたが、チョー牧師は、ご自身のつらい経験を乗り越え、神社参拝強要という信仰の根幹にかかわる罪を許してくださり、さらに、次の世代を担う子どもたちのために、平和と和解の道を切り開いてくださったのです。

（すずき・れいこ　元・NCC議長）

戦責告白はわたし自身の告白である

関田寛雄

一九二八年生まれのわたしにとって一五年戦争の記憶は今も生々しく鮮やかである。「牧師の息子」といういじめに耐えて軍国少年として生きた戦中のわたしを打ち砕いたのは、戦後間もなく始まった「真相はこうだ」というラジオ番組であった。アジア民衆の、西欧植民地支配からの解放こそ「大東亜戦争」の目的と信じ奮い立つ戦意に生きていたわたしは、「大本営」の発表の虚妄と敗戦の真実に直面して、絶望と虚無の闇を経巡る他なかった。

たまたま出席したホーリネス系の教会の、出獄後間もない牧師の言葉が契機となって、わたしは信仰の道に歩み出ることになった。そして神学校卒業後、恩師の要請とともに川崎に開拓伝道に入り、そこで大韓基督教川崎教会の李仁夏牧師に出会った。これが教団の「戦責告白」がわたしの告白となる下地になったのである（一九五九年）。

それまで大韓教会とはクリスマス・イブの礼拝を合同でしていたのだが、李牧師はそれを一〇月第一主日の世界聖餐日礼拝とするように提案され、そのように行うことになった。李牧師とわたしとで毎年、礼拝式文を共同作成するのだが、李牧師は必ず「罪の悔い改めと赦しの宣言」を入れることに固執され、わたしはそのことの意味を一般的にしか捉え切れていなかったのである。しかし数年後（一九六七年）、教団の「戦責告白」に接した時、わたしは初めて李牧師の意図にあるものが明白になった。その後大韓教会との交わりの中で、朝鮮半島の三六年に及ぶ植民地支配の実態を知るに至り、「戦責告白」はわたしの牧会の現場での告白とならしめられたのである。

やがて米国留学の機会が与えられ、シカゴのマコーミック神学校で戸村政博牧師に出会うことになった（一九六一〜六二年）。彼の北海道での牧会の現場の問題と共に、わたしより数年先輩の彼の従軍体験とそこから叫ばれる痛切な反戦平和への思いにわたしは強く心揺さぶられるものがあった（わたし自身は敗戦の年の八月二二日、海軍への入隊の筈であった）。そして彼の帰国後の信教の自由と靖国神社問題に関わる凄まじい活動に呼応しつつ、わたしは川崎での開拓伝道の中で民族差別への闘いに歩みを深めていた。これまた「戦責告白」をわたしの告白とする今一つの下地であったのである。

一九六七年、「戦責告白」に接した時、わたしは心から喜び、感動をもってこれを受け止めた。しかし同時にある問題も感じなくはなかったのである。それは一九四一年における教団成立を、「わたくしどもの弱さとあやまちにもかかわらず働かれる歴史の主なる神の摂理を覚え、深い感謝とともにおそれと責任を痛感するものであります」と述べられてあるが、この告白は結局教団の成立を神の摂理として肯定しているのである。ここではっきりさせなければならないことは、一五年戦争体制に向けて全宗教の再編を要求した宗教団体法（一九三九年）の下で、キリスト教会は神社参拝を前提としたキリスト教会に変質したということである。そこに「わたくしどもの弱さとあやまち」があったことをもっと明確に告白すべきであったのではないか。「摂理」を言うのであれば、この「戦責告白」に導かれたことこそが「摂理」であろう。

しかしともかく教団は悔い改めたのである。戦後、早速に教団は解散すべきであったのに、「一緒になったのは良いことだ」とばかりに存続を続けた。その過去についての悔い改めという総括なくして合同を続けるどういう根拠があるというのであろうか。したがって「戦責告白」こそが、真の教団一致の原点でなくてはならない。歴史的には「信仰告白」が先に成立したとは言え、教団離脱阻止という契機で生まれた「現・信仰告白」は差し当たって尊重すべきであると思うが、「戦責告白」を踏まえた「信仰告白」が改めて祈りをもって策定されるべきであろうと思う。

「戦責告白」を教団総会の決議を経ない、規制力のないものだという批判がある。それについてかつて鈴木正久議長は、「教団は戦責告白へと招かれている」と言ったことがある。常議員会の委託を受けて鈴木議長が公にしたので、手続き上は問題はないと言えるが、教団決議にならなかったことをわたしはむしろ摂理だと思う。なぜなら悔い改めの主体的契機は組織上の規制によって縛られてはならないからである。およそ信仰の言語なるものは、自由な合意によって共有されるものであって、組織による規制によって強要されてはならないからである。

教団の「戦責告白」は、教団を離脱した諸教会の戦責告白発表を触発した。国家権力の下で合同した罪は消えないからである。それに加えて他宗教においても宗教者の戦争協力の罪への反省が相次いだ。内容的には不十分であるとは言え、教団の「戦責告白」が日本の宗教界の覚醒までを促したとあれば、わたしは教団の「戦責告白」の日本の歴史への貢献として大いに喜ばしく思うし、そこに神の摂理を思わざるを得ない。かくしてわたしは教団を心から愛してやまない。

（せきた・ひろお　神奈川教区巡回教師）

沖縄キリスト教会の「戦責告白」

平良　修

一九六七年、日本基督教団は「第二次大戦下における日本基督教団の責任についての告白」（戦責告白）を告白宣言した。イエス・キリストの体なる教会である教団が、何故あれほどまでに無残な戦争罪責を冒すことができたのか。何故、主なる神は、教団をしてあれほどの罪科を犯すことを見過ごしにされたのか。私は、いつの日か教団が戦争罪責を心から告白し、平和教会に甦るための義と愛の試練の鞭をくださったのだと信じている。その実としての「戦責告白」は日本のキリスト教会史の生と死の分水嶺であったと重く受け止めている。「戦責告白」なしに日本の教会の存続は決して祝福され得ないと確信するからである。

しかしその「戦責告白」が沖縄キリスト教団の日本基督教団との一九六九年合同を促すエネルギーになったわけではない。「戦責告白」に共感賛同して自らの教会のモットーとして取り入れた教会が沖縄教団の中にあったことは事実である。しかしそれは一部に過ぎなかった。それが沖縄教区の欠くべからざる原点へと受肉していったのは、教団合同後の沖縄教区としての新しい歩みの中でであった。沖縄キリスト教団を日本基督教団との合同へと押し出していったパワーは、むしろ、米国による軍事支配から逃れて平和憲法の日本に回帰する強い祖国復帰運動の影響によるものであった。

沖縄教区は合同後、教団「戦責告白」に触発され、力づけられ、方向づけられる中から、沖縄の教会としての独自の戦責告白をと願い、教区総会でその成文化を決議はしたものの、残念ながらそれは未だに実現していない。侵略国家である日本の教会としては「戦責告白」はある意味で分かり易いテーマであったと言える。しかしそれに反して、沖縄の教会には「戦責」ではなく「戦禍」の意識の比重が大きかった。琉球人と蔑視され、国内植民地の立場に置かれ続けてきた沖縄の民には、加害者意識より被害者意識の方が強かった。「鉄の暴風」と呼ばれた地上戦に晒された沖縄の民には、加害者意識より被害者意識の方が自然であり強かったのである。つまり、沖縄の人にとって、したがって、沖縄の教会にとっても、「戦責告白」はどこかに腑に落ちないものが無意識のうちにあったのかも知れない。

しかし「太平洋の軍事的要石」と位置付けられ、ベトナムからは「悪魔の島」と呼ばれるに至る近年の沖縄経験から（私の子どもたちは、毎朝嘉手納基地からベトナム空爆に飛び立って行く多数のB52を見ながら、〝ベトナムの子どもたちの上に爆弾を落としに行くのか〟と泣いた）、沖縄現実の視点をも加えた質の「戦責告白」が沖縄教会の生の告白に成熟していった。〝最近教会の空気が変ってきましたね。何かあったのですか？〟とかなり以前マスコミに聴かれたことがあった。沖縄の教会が自分らの現実を踏まえた「戦責」を告白せねばとの真剣な課題は、文章の上では未遂行のままになっている。しかし沖縄の教会は文字によらず、魂と体に刻まれた「戦争責任」を告白し、生きている。

私が牧師代務を務めている「うふざと伝道所」は年四回、主日礼拝において「戦責告白」を唱和、確認している。二月一一日（信教の自由を守る日）、六月二三日（沖縄慰霊の日）、八月六日（平和聖日）、一二月八日に近い主日（真珠湾攻撃の日）。私たちが切に願い求めることは、「戦責告白」を唱える新たな主の日が決して加えられないことである。

うふざと伝道所二〇一七年一月一五日週報より――「辺野古の座り込みが四五五五日、キャンプ・シュワブゲート前座り込みが九二四日に入りました。祈りと行動において連帯しましょう。」

（たいら・おさむ　沖縄教区うふざと伝道所代務牧師）

北東アジアの希望のために

池　明観

　われわれは生きている限り歴史とは何かと問い続けざるを得ないのではなかろうか。歴史はわれわれ人間が造り成したものであるにもかかわらず、人間の側からは解し得ないイニグマ（謎）である。日本の教会が「第二次大戦下における日本基督教団の責任についての告白」をなして既に半世紀の時間が流れた。かつてこの「戦争責任告白」をめぐってかなりの論議があったことが知られている。

　いまその後の半世紀を振り返りながら、それが日本の教会史上、またアジアの教会史上でどのような意味を持ったかを問うてみなければなるまい。それが何よりもその後の一九七〇年代に始まる韓国の民主化運動と日本の教会という課題と結びついていたことを思い出さざるをえない。韓国のキリスト教会がその当時の軍事独裁支配と闘わざるをえなかった時、日本のキリスト者たちはその闘いを共にして下さった。そしてその軍事体制を敗北に追いやり、一九八七年からの韓国の民主主義を可能にするようになったことは、果たしてわれわれはそれを予測していたのであろうか。

　キリスト教的歴史観に立てば、この「戦争責任告白」はその後の日韓、また北東アジアの教会史の上に新しい時代を準備していたことであったのではなかろうか。それは韓国の軍部支配を終結させるために、日本の良心的勢力が結集したのみではなく、世界の現代史的変革を願う人々との心を一つにしたことであった。神はこのように歴史に関与し給うが、時が過ぎれば再び歴史をこのか弱い人間どもに任されるのかもしれない。そして怠惰な人間がその告白の歴史を忘却へと押しやっていることを見つめ給うのかもしれない。

なぜならば、ややもすれば北東アジアはかつての歴史的高揚感を今は喪失しているように見えるからである。何よりもその戦いの日に与えられた北東アジアの平和への希望を今はほとんど放棄しているかのように思える。北東アジアの日・中・韓は一体これからどこに向かおうとしているのだろうか。平和と協力と共同の歴史を志向しているのか。そこに実現されるべき差別なき共存、人間的尊厳、平等を目指す民主主義などは放棄して、ひたすら国家利益を建前に、階級的自己を追求し、互いに分裂の道を歩もうとはしていないのか。

このような北東アジアの政治的危機を前にして、「戦争責任告白」以降半世紀を迎える日本の教会も厳しい決断を求められているようである。われわれキリスト者は現代における少数者の群れである。しかし一九七〇年代、八〇年代の韓国民主化の戦いにおいては、その少数者が多数者へと火を点火して行ったという貴重な歴史的経験をわれわれは持っている。何よりもそれは神の御言葉が少数者を呼び集めて歴史の転換を図る奇跡を示して下さったではないか。

日本の教会が半世紀前に「世界の、ことにアジアの諸国、そこにある教会と兄弟姉妹」に向かって祈られたように、また今日の日本と北東アジアの危機を克服するために祈っていただきたい。それに呼応する北東アジアの教会と社会のうねりこそ、今日におけるこの地域の唯一の希望ではなかろうかと思うのである。

（チ・ミョンクワン　元東京女子大学、翰林大学教授）

解放の神学のことなど

松本敏之

私は、一九八九年から二年間、ニューヨークのユニオン神学大学院で学んだ。正直に言えば、「戦責告白」の意義を認識するようになったのは、ユニオンへ行ってからのことである。私がユニオンで学んだことのうち、その後の自分の人生と神学形成にとって特に大きな影響があったのは以下の三つのことである。

第一はラリー・ラスムッセン教授のクラスでボンヘッファーを読み直したこと。このクラスでは、一学期の間に八回ボンヘッファーの書物のブックレビューを出すという過酷な課題が与えられたが、私にありがたかったのは、ほとんどの著作に日本語訳があったこと、また日本独自の研究が豊富にあったことである。『現代キリスト教倫理』のブックレビューでは、「罪責告白」の章を取り上げ、教団の「戦責告白」についてそれと比較しながら紹介したが、その時に参考にしたのが、森平太（森岡巌）氏の「教会の罪責告白――『戦責告白』二〇年を想起して」（『罪責を担う教会の使命』収載）という論考であった。これが、私にとって戦責告白との実質的出合いであったと思う。

第二は、小山晃佑教授からエキュメニカル神学とアジアの神学を学んだこと。日本を離れて、ニューヨークで初めてアジアの神学について学んだのは皮肉なことであるが、そこで自分の神学的視点が大きく拡げられた。アジアの文脈で日本を見るときに、「戦責告白」の重要性を思わざるを得なかった。

第三は、ジェームズ・コーン教授から「解放の神学」を学んだこと。コーン教授自身は「黒人解放の神学」に立脚しているが、「歴史の下側からの神学」という授業では、ラテンアメリカの「解放の神学」に触れ、さらに一九七六年に始まった「第三世界エキュメニカル神学者会議」（EATWOT）の歩みをたどった。それが、その後ブラジルへ行く内的な動機となったことは間違いない。

ラテンアメリカの「解放の神学」と「戦責告白」を比べてみると、もちろん、この両者に直接的因果関係や影響があるわけではないが、そこにある種の共通点があることを思う。

それは第一に、共に一九六〇年代半ばから後半にかけての世界の大きなうねりのような変革の中で生まれたものだということである。北米では、黒人の公民権運動、ブラックパワー運動、ベトナム反戦運動、ウーマンリブ運動などがあった。ラテンアメリカではキューバ革命後、民主化運動の波が押し寄せる中、反動のように次々と軍事クーデターが起こっていった。しかしそこで、第二バチカン公会議が追い風となって、キリスト教基礎共同体が活発になり、「解放の神学」が生まれてくる。

ちなみにラテンアメリカの「解放の神学」を決定づけたのは、コロンビアのメデジンにおいて開かれた第二回ラテンアメリカ司教会議およびそこで決議されたメデジン文書であるが、それは「戦責告白」が発表された翌年一九六八年のことである。

第二の共通点は、ラテンアメリカの「解放の神学」は、教会の悔い改めと決意表明に根差していることである。教会が気づかずに持っている「上からの視点」から離れて、「貧しい者の優先」をラテンアメリカ司教会議が決議したことと深くかかわっている。

その点で、ラテンアメリカの「解放の神学」は、例えば北米の「黒人神学」や「フェミニスト神学」と違い、また韓国の「民衆神学」やフィリピンの「闘争の神学」とも違う。言い換えると、「歴史の下側からの神学」だけではない一面を持っているのである。

最後に、やや長くなるが、メデジン文書の中からそうしたことを示す部分を抜き出して紹介したい。

第1章　正義

Ⅱ　教会の教えの立場

3　ラテンアメリカ教会は、この大陸の「正義に飢え渇く」すべての人にメッセージを送る。……神は人間に、連帯の内に世界を変革し完成させる力を与えられた。その同じ神は、時がみちて御子を人間の姿で遣わされ、御子はすべての人間を罪のくびきから解き放たれる。飢え、悲惨、抑圧、そして無知、一言でいえば人間の利己心に源を発する不正と憎悪から解き放たれるのである。かくして、われわれは真に解放されるために「正義と平和、愛に満ちた神の国」が訪れるように深く回心する必要があるのである。

第4章　教会の貧しさ

Ⅰ　ラテンアメリカの状況

1　ラテンアメリカ司教団は、ラテンアメリカに存在するおそるべき不正に直面して無関心ではありえない。この不正はわれわれの民衆の大部分を、陰惨な貧しさにおしとどめるのであり、しばしば非人間的な惨状が生じる。

2　他のどこからももたらされない解放を司牧者に求める耳を聾せんばかりの叫びが、何百万人という人々の口からほとばしっている。……ラテンアメリカ民衆の大部分が生きている貧しさ、惨状といってよい状況の中において、われわれ司教、司祭、修道者が生活必需品と一定の安全を保持している一方で、貧しい人は絶対不可欠なものにもこと欠き、「苦悩」と「不安定」の中で闘っているのである。

Ⅲ　司牧方針　貧しい人々の優先と連帯

9　「貧しい人々への福音宣教」という主の特別な教えは、われわれを、最も貧しく最も恵まれない人々、理由は何であれ差別されている人々に実質的な優先権を与えるような資源と使徒職者の分配を行い、そうした目標を胸に抱いてすでになされつつあるイニシアティブや研究を励まし、進めるよう導くはずのものである。

われわれ司教団は、誠心と兄弟愛の内に貧しい人々に近づいて、彼らの立場に近い者となりたいと願っているのである。

10　われわれは、貧しい人々との連帯というわれわれの義務に対する意識を研ぎすますべきである。愛が、そこに導いてくれよう。連帯とは、貧しい人々の問題と闘いを自分のものとすることと、貧しい人々といかに語り合うかを知っているということである。

11　われわれは、貧しい人々とともに自己を犠牲にして使徒職に携わる人々の傍に、いつもありたいという熱い願いを表明する。そうした人々がいつもわれわれの励ましを感じ、われわれが彼らの働きをおとしめるような意図をもった人々の言葉に耳を貸すつもりはないということを知ってほしいのである。

（ホアン・マシア著『バチカンと解放の神学』より、南窓社、一九八六年）

（まつもと・としゆき　鹿児島加治屋町教会牧師）

罪責を告白する主体の確立

最上光宏

教団の「戦責告白」が公にされた一九六七年は、私が神学校を卒業した年です。その数ヶ月前に、寮の食堂で一学年後輩の沢正彦兄から、教団が「戦責告白」を出すらしいということを聞かされました。その頃の私は、あまり教団の歴史に関心がなく、戦時中弾圧を受けた教団は、戦争被害者ではないか？　その教団がなぜ戦争責任の告白をしなければならないのか？　という素朴な疑問を投げかけたことを思い起こします。彼は諄々と、日本の国が戦時下において、朝鮮半島や中国・台湾などアジアの諸国で行った犯罪的な侵略行為について語り、その責任は教団にもある。自分もまた教団の一員としてその罪責を負う者である、と語り、涙を流したのです。私は自分の無知を恥じるとともに、彼の隣国の兄弟・姉妹たちに馳せる真摯な思いに心打たれ、戦時下の教団の歴史に目を向けるようになりました。

沢兄はその後間もなく、自ら日本の罪を担う「贖罪的求道者」として、韓国の教会に仕えるためにソウル延世大学連合神学大学に留学し、一時帰国後、教団の在外教師として韓国の教会に仕えながら韓国神学大学で教鞭をとり、『韓国キリスト教史』の日本語翻訳や『北朝鮮の宗教政策とキリスト教』等の論文を韓国語で著し、韓国と日本の教会の架け橋となる働きをしました。軍事政権下の「出国命令」により、韓国の教会の人々に惜しまれながら帰国し、小岩教会で牧会しながら「木槿（むくげ）通信」で日韓の教会の交流に努めました。また、韓国の教会に倣って、主日礼拝厳守を貫く権利を求めて「日曜日訴訟」を起こすなどの活躍をしましたが、病のために四十九歳で召されました。彼のことは、「戦責告白」を身をもって生き抜いた友として、忘れることができません。

一方、私は卒業して教団の教師として、平凡な伝道師・牧師の道を歩んできましたが、「戦責告白」を公にしたばかりの教団の教師として立てられたことに、重い責任を感じ、私なりに教団の罪責を担うことを当然の課題として受け止めてきました。

K・バルトやD・ボンヘッファーの著書、井上良雄・雨宮栄一・森岡巌・森野善右衛門先生等の書かれたものなどを通して、「バルメン宣言」やドイツ告白教会の闘いについて多くのことを教えられ、改めて教団の「戦責告白」の意義を深く思わされました。

丁度その頃、国会で「靖国神社国営化法案」が論議され、その危機的な状況の中で、私なりにこれを「信仰告白的事態」として受け止め、「保守王国」の金沢で月例デモなどを行い、右翼団体の襲撃を受けました。その経験は、私に「戦責告白」に生きることの厳しさと共に、その重要さをますます深く認識させる契機になりました。

全国各地で展開された「ヤスクニ闘争」は、日本の教会が「見張りの使命」を果たそうとした「戦責告白」の大きな成果の一つと言えましょう。「戦責告白」は、アジアの諸教会との和解、沖縄キリスト教団との合同、原爆孤老ホーム「清鈴園」の建設など多くの役割を果たしましたが、その最も大きな役割は、教会の国家に対する使命を明らかにしたことではないでしょうか。

関東教区では、二〇一三年五月の教区総会で、教区としての「日本基督教団罪責告白」を決議しました。その契機になったのは、一九九九年の教区総会で、「沖縄キリスト教団との合同の捉えなおしと実質化」の議案に関連して、沖縄の教会に対する罪責を含む教団の罪責について検討することが提起され、そのための検討委員会が設置されたことです。私もその委員の一人として、教団の歴史を共同で検証する作業に当たりました。教団の罪責は多岐にわたり、検証作業に七、八年の歳月を要しました。その後、罪責告白文の作成と教区内での理解を深めるために数年かかり、可決承認されるまでに通算十四年を要しました。この経験は、私にとっても関東教区にとっても貴重なものでした。

その委員会で絶えず意識されてきたことは、「戦責告白」との関連です。委員会として意図してきたことは、その歴史的意義を評価しつつ、その意志を継承し、今日的状況の中での新たな「罪責告白」を作成することでした。その背後には教団が将来、新しい罪責告白を作成する場合の手がかりになれば、という願いがありました。

二〇〇四年の教区総会に出された委員会の「総括報告」には、「戦責告白」について以下のように纏められています。

この『告白』はアジアの諸教会との和解と交わりの道を大きく開いたという点で意義あるものでした。しかし、主の前に犯した罪の告白としては、以下に述べる罪の告白を欠いた故に、なお不十分なものにとどまっていると思われます。

一、教団成立において、天皇を神とする『国体』に組み込まれ、イエス・キリストのみを唯一の主と告白する信仰を貫けなかった罪。
二、アジアの諸教会に対しても『宮城遥拝』や神社参拝を強要した罪。
三、教団の組織を守るためにキリストの体の一部である沖縄の教会を見放した罪。
四、旧六部九部の教会の受難に際して、主にある支援をしなかった罪。
五、戦後の教団の新しい出発に際して、主の前に信仰的な悔い改めを十分に表明しなかった罪。
関東教区の「罪責告白は」これらの諸点を補うことを意識して、作成されました。（資料参照）

「戦責告白」は、一九四四年の復活節に富田満教団統理の名で出された「日本基督教団から大東亜共栄圏にある基督教徒に送る書翰」を「取り消す」意味を込めて、敢えて発表期日を「復活主日」とし、教団総会議長名で公にしたと説明されてきました。しかし「書翰」に見られる、大政翼賛会の文書と見まがうような醜悪な罪の責任が、はたして「戦責告白」において十分に「取り消され」たと言えるかどうかという疑問が残ります。

教団の罪責は、単に戦争に協力したことだけではなく、天皇を神とする「国体」に巻き込まれ、主に従うことよりも天皇に従うことを優先させる「日本的キリスト教」に陥ってしまったことです。これは「行為」の問題ではなく、「信仰」そのものの問題です。

一九四一年の「教団設立」自体、信仰に基づく教会的合同ではなく、戦争遂行のための宗教統制を目的とした国策による統合であり、教会が国家権力に飲み込まれ、「国体」の一機関になってしまったことを意味します。戦争協力は、その必然的な結果でした。その意味で「戦責告白」が「教団成立とそれに続く戦時下の」罪責について触れていることは評価できますが、具体性に欠けていることを残念に思います。

教団の「教憲」においては、教団成立が無前提に「くすしき摂理のもとに」としか記されていません。教団成立に関する罪責の告白は、もっと明白になされる必要があります。罪責の告白と悔い改めを伴わない「摂理」は欺瞞であり、「安価な恵み」に過ぎないからです。あの教団成立を「神の摂理」として受けいれるためには、どうしてもそれに伴う明白な罪責の告白と、悔い改めが必要なのです。教団は、罪責告白なしには存続し得ない「合同教会」なのです。

「戦責告白」は、たしかに日本の教会にとって画期的な意味をもち、私の五十年にわたる教団の教師生活を根底から支える支柱でした。私はそれ故にこそ、その限界をもあえて正視し、それを乗り越える新たな教団の罪責告白の作成に取り組むべきではないかと思っています。

しかし、「戦責告白」にしても「罪責告白」にしても、より大切なことは、告白する主体の確立にあると思います。私たちがその「告白」をどのように生きるか、という課題です。関東教区は「罪責告白」によって大きな課題を担うことになりました。私たちは、過去の教団の罪を、自分自身の責任として担いつつ、同じ過ちを犯さないように目を覚まして、明日に向って共に「見張りの使命」を果たしていきたいとと願っています。

「夜は更け、日は近づいている。」

（もがみ・みつひろ　所沢みくに教会牧師）

第3部　資料編

各教派・団体の戦争責任告白

日本基督教団

第二次大戦下における日本基督教団の責任についての告白

わたくしどもは、一九六六年一〇月、第一四回教団総会において、教団創立二五周年を記念いたしました。今やわたくしどもの真剣な課題は「明日の教団」であります。わたくしどもは、これを主題として、教団が日本及び世界の将来に対して負っている光栄ある責任について考え、また祈りました。

まさにこのときにおいてこそ、わたくしどもは、教団成立とそれにつづく戦時下に、教団の名において犯したあやまちを、今一度改めて自覚し、主のあわれみと隣人のゆるしを請い求めるものであります。

わが国の政府は、そのころ戦争遂行の必要から、諸宗教団体に統合と戦争への協力を、国策として要請いたしました。

明治初年の宣教開始以来、わが国のキリスト者の多くは、かねがね諸教派を解消して日本における一つの福音的教会を樹立したく願ってはおりましたが、当時の教会の指導者たちは、この政府の要請を契機に教会合同にふみきり、ここに教団が成立いたしました。

わたくしどもはこの教団の成立と存続において、わたくしどもの弱さとあやまちにもかかわらず働かれる歴史の主なる神の摂理を覚え、深い感謝とともにおそれと責任を痛感するものであります。

「世の光」「地の塩」である教会は、あの戦争に同調すべきではありませんでした。まさに国を愛する故にこそ、キリスト者の良心的判断によって、祖国の歩みに対し正しい判断をなすべきでありました。

しかるにわたくしどもは、教団の名において、あの戦争を是認し、支持し、その勝利のために祈り努めることを、内外にむかって声明いたしました。

まことにわたくしどもの祖国が罪を犯したとき、わたくしどもの教会もまたその罪におちいりました。わたくしどもは「見張り」の使命をないがしろにいたしました。心の深い痛みをもって、この罪を懺悔し、主にゆるしを願うとともに、世界の、ことにアジアの諸国、そこにある教会と兄弟姉妹、またわが国の同胞にこころからのゆるしを請う次第であります。

終戦から二〇年余を経過し、わたくしどもの愛する祖国は、今日多くの問題をはらむ世界の中にあって、ふたたび憂慮すべき方向にむかっていることを恐れます。この時点においてわたくしどもは、教団がふたたびその過ちをくり返すことなく、日本と世界に負っている使命を正しく果たすことができるように、主の助けと導きを祈り求めつつ、明日にむかっての決意を表明するものであります。

一九六七年三月二六日復活主日

日本基督教団総会議長　鈴木正久

"CONFESSION ON THE RESPONSIBILITY OF THE UNITED CHURCH OF CHRIST IN JAPAN DURING THE WORLD WAR II"

The 25th Anniversary of the establishment of the United Church of Christ in Japan (Kyodan) was celebrated during the 14th General Assembly of the Kyodan held in October, 1966 at Osaka, Japan. Now, we are faced with the serious task of building the Kyodan. In order to express our sense of responsibility which the Kyodan has toward Japan and the world we prayerfully take as our theme "OUR CHURCH-TOMORROW"

At this time we are reminded of the mistakes committed in the name of Kyodan during World War II. Therefore, we seek the mercy of our Lord and the forgiveness of our fellow men.

At the time of the founding of the Kyodan the Japanese Government then under pressure asked that all religious bodies be brought together and that they cooperate with the national policy to bring the war to a victorious end.

Since the time that the Gospel was first presented in the early part of the Meiji Era, Japanese Christians had desired to establish one evangelical Church in Japan, by the merging of denominations. Therefore, they entered into this Union and the Kyodan was established taking advantage of an order of the government.

Concerning this founding and the continued existence of the Kyodan, we recognize with deep fear and gratitude and sense of responsibilities, that even in our failures and weakness, the Providence of God, "The Lord of History", was at work.

The Church, as "the light of the world" and as "the salt of the earth" should not have aligned itself with the militaristic purpose of the government. Rather on the basis of our love for her, and by the standard of our Christian conscience, we should have more correctly criticized the policies of our mother land. However, we made a statement at home and abroad in the name of the Kyodan that we approved of and supported the war, and we prayed for victory.

Indeed, when our nation committed sins, we as a Church also sinned with her. We neglected to perform our mission as a "watchman". With deep pain in our heart, we now confess this sin, seeking the forgiveness of our Lord and our brothers and sisters of the nations in the world, particularly in Asia, and the fellow men and women of our country.

More than 20 years have passed since the war, and we are filled with anxiety, for our mother land seems unable to decide the course that we should follow; we are concerned lest she move in an undesirable direction due to the many pressures of today' s turbulent problems. At this moment so that the Kyodan may not make again the same mistakes and in order that the Kyodan can correctly accomplish its mission in Japan and the world we seek God's help and guidance. In this way we look forward to tomorrow with humble determination.

Masahisa Suzuki
Moderator
United Church of Christ in Japan
Easter Sunday, March 26,1967

(*Kyodan News Letter*, Marh 20, 1967より。但し第7パラグラフの翻訳に一部脱落があるため、編集者において補訳した。)

日本基督改革派教会

日本基督改革派教会創立三十周年記念宣言

序文

私たち日本基督改革派教会は、創立三十周年にあたって、教会と国家にかんする信仰を内外に宣言し、教会のかしらなる主イエス・キリストのみ前に、悔い改めと新しい服従の道を歩むことを決意しました。

主は、三十年前、私たちの国に、みことばに忠実に従って生きる教会を形成しようと志す一群の人々を起こし、日本基督改革派教会を創立してくださいました。私たちは今、創立までにあった神の恵みと導きとを思い、さまざまの罪と弱さにもかかわらず、彼らを用いてみ栄えを表わされた神の恵みの選びを賛美し、あらゆる良い賜物の源である主イエス・キリストの父なる神に、言いつくせない賛美と感謝をささげるものであります。

創立にあたって指導的な役割を果たした教師たちが、戦時中、教会合同にさいし、旧日本基督教会内にあって「聖書の規範性、救いの恩恵性、教会の自立性」という三原則を掲げて反対し、また国家神道体制下における神社参拝の強要にも屈しなかった信仰の戦いは、日本基督改革派教会の創立およびその後の歩みと深いかかわりをもつものでありました。しかし、私たちは、宗教団体法下の教会合同に連なったものとして、同時代の教会が犯した罪とあやまちについて共同の責任を負うものであることをも告白いたします。戦時下に私たち日本の教会は、天皇を現人神とする国家神道儀礼を拒絶しきれなかった偶像崇拝、国家権力の干渉のもとに行われた教会合同、聖戦の名のもとに遂行された戦争の不当性とりわけ隣人諸国とその兄弟教会への不当な侵害に警告する見張りの務めを果たし得ず、かえって戦争に協力する罪を犯しました。

こうした私たちの罪にもかかわらず、歴史を支配される神の摂理により、敗戦とともに宗教の自由が与えられ、日本基督改革派教会が創立されました。私たちの教会は、この神の恵みに感謝し、「キリスト教有神的人生観ないし世界観こそ新日本建設の唯一の確かなる基礎なり」との創立宣言の主張に立って、教会と国家の関係を明確にし信教の自由と教会の自律性を確立することに努めてきました。しかし今、過去三十年の歩みを謙虚にかえりみるとき、私たちの教会はなお、与えられた神の恵みにこたえるには、国家にたいする使命と責任を果たす祈りと努力において足りなかったことを、率直に告白せざるを得ません。

七十年代の祖国は、靖国神社国家護持法案の強力な推進に一例を見るように、いちじるしく旧日本への回帰の傾向を示しております。この時にあたり、私たちは、かつてあの暗い日々に私たちが陥った罪と誤りを主のみ前に深く恥じ、再びくり返すことのないように主の恵みを求めるとともに、広く日本の諸教会にも、同じ罪に陥ることのないよう呼びかけるものであります。

日本基督改革派教会は、聖書にもとづいて、ここに「教会と国家にかんする宣言」を言い表わし、私たちが主キリストの教会として固く立つ原理を確認し、これに従って新しく戦うことを決意いたします。

私たちは、今なお小さい群れであります。しかし、「恐れるな、小さい群よ」と呼びかけてくださる主は、歴史においていつも、小さい群れを用いて大きなわざを行なわれました。私たちも、教会と国家の主であるイエス・キリストの教会にふさわしく国家にたいして責任を果たすことができ、それによって主の栄光が教会を通しても国家を通しても表わされるように、と祈ります。

願わくは、すべてのものを生かしてくださる神のみまえと、またポンテオ・ピラトの面前でりっぱなあかしをされたキリスト・イエスのみまえで、私たちが大胆に、この信仰を国家にたいして言い表わすことができますように。アーメン。

教会と国家に関する信仰の宣言（略）

一九七六年四月二八日

日本基督改革派教会創立三〇周年記念臨時大会

日本バプテスト連盟

戦争責任に関する信仰宣言

わたしたちは昨年の第四一回年次総会において、「日本バプテスト連盟結成四〇周年にあたっての声明」を採択し、連盟四〇年の歩みについて深い感謝と悔い改めを表明した。

天皇の代替わりなどをきっかけとして、新しい装いをこらした天皇制が台頭する兆しが日増しに強くなっている今、わたしたちは、バプテスト宣教一〇〇年の記念すべき時を迎えようとしている。

この時にあたり、神がわたしたちの先達を通して与えて下さった数々の恵み、祝福を感謝し、新たな希望をもって宣教二〇〇年に向かって前進していくために、神と人々に対してわたしたちは以下のように戦争責任を告白するものである。

わたしたちは、主イエス・キリストの十字架と復活においてわたしたちの罪を裁きつつ赦す解放の福音にのみ聴き従う。主イエス・キリストこそ教会と世界の主であり、わたしたちは御子イエスから父なる神の支配を語り、この世界を神の被造世界として受取ることが許されており、またそうするように命じられている。

しかし、かつての大戦下、わたしたちは、まさにこの主告白において誤りを犯した。すなわちわたしたちはこの世界に主イエスの支配の及ばない領域を認め、「神社は宗教にあらず」と強弁しながら天皇を「現人神（あらひとがみ）」とする天皇制国家とその侵略戦争と両立できるものとし、しかも戦争遂行に荷担して隣国の人々に対し、神社参拝を強要するような誤りさえ犯した。

このような状況の中でわたしたちは、二元論的あるいは道徳主義的福音理解にとどまることによって、信仰の内面化と体制的教会の保持を図ろうとした。そしてわたしたちは、生の全領域に及ぶイエス・キリストの義の支配を十分に語らず、「隣人の家をむさぼってはならない」（出エジプト二〇・一七）という戒めを聴くことも語ることもしなかった。

わたしたちは、この大戦がまさに明治以来の富国強兵政策の「力」の絶対化と「むさぼり」の行きつく結果であったことをわきまえようとせず、「八紘一宇」のスローガンが偏狭な民族エゴイズムに過ぎず、天皇制が「むさぼり」とそれを生み出す差別とを正当化することを見抜けなかった。そして、信教の自由・政教分離を主張すべきバプテストでありながら、かえって国家を神の国と同一視し、アジア侵略を神が祝福される領土拡張として単純に受け入れた。

そしてわたしたちは、「むさぼり」が今日においてもアジア諸国の民衆を抑圧するばかりか自らの生をも歪めていることを知りながら、未だ祝福に応答する「平和を造り出す者」の生き方を実現できないでいる。

わたしたちは深い痛みをもって自らの罪を告白する。またわたしたちは、天皇制国家が持っている問題性について十分に問うことをせず、その体質を引き継ぐことによって、主告白をあいまいにしていることを自らの罪として告白する。

どうか恵みの神がわたしたちの罪を赦してくださるように。

また、天皇の代替わりにおいて、新しい天皇制国家が装われつつある状況の中で、主イエス・キリストのみが教会と世界の主であるという教会本来の告白に立ち、ふたたび同じ過ちをくりかえすことがないように。そして、そのことが、わたしたちの喜びと希望となりわたしたちの告白の課題であり続けますように。

一九八八年八月二六日

日本バプテスト連盟第四二回年次総会

日本キリスト教会

韓国・朝鮮の基督教会に対して行った神社参拝強要についての罪の告白と謝罪

わたしたち日本基督教会は、旧日本基督教会の歴史と伝統を継承する教会として、自らの過去を検証し、心からなる懺悔をもって以下の罪責を告白し、神と隣人の前に赦しを乞い求めるものであります。

わたしたちは、天皇制絶対主義のもと、神ならざるものを神とする体制を容認し、わが国が、アジア・太平洋諸国に侵略を繰り広げたときに、その問題性に気付くことができなかったばかりか、国が各地に神社を造り、その国の人々に参拝を強要したとき、信仰の立場からこれに反対し、抵抗することをしませんでした。

とりわけ、韓国・朝鮮に対する「明治」以来の侵略行為を肯定し、それに荷担しました。そして自らの立つべき信仰に立たず、隣国の主にある教会の信仰告白をふみにじり、神社参拝を強要した罪を、まず唯一の主なる神の前に懺悔いたします。その結果、多大の犠牲と殉教を余儀なくされた韓国・朝鮮の基督教会に、心からお詫びいたします。わたしたちは自らの負うべき十字架を負うことを避け、み言葉の真理に基づいて大胆に語るべきことを語らず、隣人を自分のように愛さず、真に祈るべきことを祈らなかったことを覚えて赦しを乞い求めます。

わたしたちは、このような罪を懺悔し謝罪することなく過ごし、半世紀以上にわたって不問に付してきた自らの怠慢と無恥を厳しく反省いたします。

わたしたちは、今度のこのようなことを再び繰り返さないために自らの過去の罪を明らかにし続け、聖書のみ言葉によって絶えず改革されて、真実に神と隣人とに仕える教会を形成してゆくことを志す者であります。

それゆえ、わたしたちは、主イエス・キリストの十字架の贖いにおいて、限りなく憐れみ深くありたもう主なる神の前に赦しを乞い求めつつ、韓国・朝鮮にある諸教会、また在日韓国・朝鮮の主にある兄弟姉妹との和解と新たな交わりが与えられることを祈り求めるものであります。

一九九〇年十月十九日

日本基督教会第四〇大会議長　高井　孝夫

日本バプテスト同盟

戦争責任に関する悔い改め

私たちは一八七三年以来、バプテストの伝統的信仰を継承しつつ今日に至る間、一九四一年から十数年間、日本基督教団に所属していました。この教団が結成された年、私たちの国家は第二次世界大戦に突入し、私たちはこの戦争に参加、協力しました。さらに私たちの国家は、この教団が組織される以前からアジア諸国に対して侵略戦争を強行していました。

日本バプテスト同盟に属する私たちはこれらの戦争を想起する今、半世紀を超える長い間、この戦争にかかわった私たちの罪から目をそらしてきた怠慢を悔い改め、その戦争責任を共有するものであることを告白いたします。

私たちは、かつて天皇を神とした国家の中で、イエス・キリストのみが主であることを正しくかつ十分に告白することをしませんでした。そして私たちは国家のあやまった教えと政策に対して妥協し、へつらい、福音の真理をゆがめました。

私たちはまた、国家が推進した植民地支配や侵略戦争に加担、協力し、アジア諸国の人びとに対して独善的で傲慢でした。さらに、信仰を貫こうとする兄弟姉妹が迫害を受けた時、助けることをせず排除さえしました。しかも、このような私たちの弱さが今も引き継がれていることにおそれを抱きます。

私たちは今、それらの罪を深い痛みをもって神に告白し悔い改めます。そしてこのあやまちにより犠牲になった全ての人びとに許しを乞うものです。

今日、私たちの国家が再び危険な道を歩み始めている時、私たちは主から託された見張りの使命が私たちにあることを自覚します。そして信仰と良心の自由をもって「世の光」、「地の塩」として生きて行くことを決意いたします。

神はキリストによって私たちをご自分に和解させ、かつ和解の務めを私たちに授けてくださいました。どうぞ主が私たちをあわれみ、世界宣教のわざに参与させてくださいますように。

一九九二年八月二十六日

日本バプテスト同盟第三五回総会

日本ナザレン教団

第二次大戦下における日本ナザレン教団の責任についての告白

わたしたち日本ナザレン教団は、唯一の主であるイエス・キリストの名のもとに集められた信仰共同体として、平和を求めるものであることをここに表明し、次のように決意をいたします。

わたしたちの国は、先の侵略戦争において、アジア諸国及びその他の国の人々、並びにわが国の同胞に対して、多くの悲惨と苦難を与えました。

わたしたち日本ナザレン教団に属する教会は、この侵略行為に反対することをせず、むしろ協力してきたことに心を痛め、悔い改めます。

さらに、わたしたち日本ナザレン教団は、戦後四十八年もの間、悔い改めを公にしないままにきたことを懺悔し、ゆるしを請い求めます。

わたしたちは、わたしたちの国がこの戦争をしたという過去の事実をたえず想起し、このような罪を再び犯さないためにあらゆる努力をすることを約束します。

わたしたちは、この悔い改めに基づいて、あらゆる機会をとらえ、将来に向けて、広くアジア諸国及びその他の国の人々、並びに在日外国人との和解を求めていくことを心から決意します。

一九九三年三月十五日

日本ナザレン教団理事長　樋口　茂

日本福音ルーテル教会

宣教百年信仰宣言　明日の教会に向かって

前文

私たちは、日本福音ルーテル教会宣教百年記念大会に集まった者も、時を同じくしてそれぞれの場所で同じ主を礼拝している者も共に、一人の信仰者として、主にある群れとして、主のみ前に、また日本と世界に対してこの信仰宣言を公けにします。

Ⅰ　心新たに主のみ前に立って感謝する

日本福音ルーテル教会は、アメリカ南部一致ルーテル教会から派遣された宣教師たちによって九州・佐賀の地で初めて礼拝がなされた一八九三年に始まりました。今、私たちはキリストの教会の歴史と宗教改革の信仰の伝統の中でこの宣教百年を迎え、心新たに主のみ前に立っています。

父なる神は、私たちを愛してくださり、御子イエス・キリストの十字架と復活のみ業によって私たちの罪を赦し、永遠のいのちを与えてくださいました。そして、聖霊なる神は今も、私たちを導き支えてくださっています。わけても、主はこの日本の地に福音を豊かに与えてくださいました。今、私たちは、海外のルーテル諸教会とその宣教師、代々の教職、多くの先輩信徒の献身的な働きを覚え、心を熱くしています。彼らは、独自の文化的宗教的伝統をもつこの日本社会の中で、幾多の試練を乗り越え、伝道と奉仕の業に努めてきました。

私たちは、これらすべてを神の摂理と信じ、それ故、主を愛し、畏れ、信頼し、心より感謝いたします。

Ⅱ　深い痛みのうちにざんげする

主はこの世界の創造主であり、歴史の支配者です。この主が、私たちにキリスト者としての使命をお与えになりました。しかし今、近代日本の百年余に重なる私たちの教会の百年の歴史を省みるとき、主のみ言葉に聴き続きえなかったことを、深い痛みの中でざんげします。

とくに、第二次世界大戦を含め十五年戦争のあいだ、私たちの教会は神のみを神とする十戒の第一戒を守り抜くことができず、また平和を実現するようにとの主の戒めを生きることができませんでした。

その結果、私たちの教会は、一九四一年の日本基督教団合同に際して、ルーテル教会の信仰告白をあいまいにし、戦争の勝利を祈り、協力しました。こうして、行なうべきでなかったことを行なってしまった罪と、行なうべきだったことを行なわなかった罪とを、神と隣人の前に、とりわけアジアの人々の前に犯しました。しかも、私たちはこの事実に目を向けることをせず、今に至るまで公けに悔い改めも懺悔もしないできました。

さらに今日、物の豊かさのみが求められ、強い者が弱い者を切り捨てる競争社会の中で、ともすれば私たち自身がそのことに無反省となり、多くの隣人を苦しめ、また自然を破壊しています。

また、私たちには、日本の豊かな文化と伝統の中で、福音を根づかせる務めが課せられておりましたが、それも十分には果たしていません。

そして、なによりも日々の生活の中で、主のみ言葉に深く聴くことが少なく、福音を家族、子ども、友人、社会に伝える責任を満たしていないのです。

私たちはこれらすべてを主のみ前に心よりざんげし、主と隣人の前に赦しを願い求めます。

Ⅲ　希望のうちに決意する

この宣教百年の時に当たり、私たちは改めてルーテル教会の会員として、キリストの使命を、主に対しても、この世界に対しても果たすことを決意します。

神は福音宣教のために教会を建てられました。私たちは、まず、キリストご自身が果たしてくださるその教会の形成をこの日本の地において担います。「キリストの体」としての教会の形成です。ルターも教えているように、私たちは「みな祭司として」教職信徒一体となり、キリストの恵みのみを土台として、聖書に深く聴き、熱心に祈る教会を建設します。福音の喜びと永遠のいのちの希望に満ちあふれた教会、力強く伝道する教会、愛と真実の交わりに生きる教会をこの地上に具体化します。

私たちは、試練の中で罪と戦っているとはいえ、その中で、教職も信徒もみ言葉に深く学び、信仰に裏付けられた社会生活を送り、その恵みを世界に向かって大胆に証しします。また、とりわけこの時代の中で、女性も男性も伝統的な役割分担にとらわれることなく、一人一人の持てる力を、主のために捧げます。

こうして、私たちは真の福音的な教会となって、キリストの教えとみ業がこの日本の地にふさわしく、豊かに、確実に伝えられるよう、福音宣教の業に力強く励みます。また、世界のルーテル教会との交わりをいっそう深め、さらに諸教会との主にある一致を目指しつつ、宣教の協力に努めます。

また私たちは、教会に対する責任のみならず、神の国を地上にもたらすためにこの世界に対してもとりなしの祈りと働きを神から託されています。すなわち、神によって与えられたいのちを守ること、正義と平和の実現、全ての人々の和解、全ての被造物が創造の目的にかなって完成されることのために努力します。核兵器をはじめとするあらゆる武力のない世界を目指し、全ての差別がなくなるように努め、小さく弱い人々、貧しく悲しんでいる人々の真実の友となり、共に歩みます。これらの奉仕の業に一人一人が真剣に、喜んで仕えていきます。

これらのことはみな、神の支えの中で、ただイエス・キリストに聴き、聖霊に導かれて、初めて果たされることばかりです。主はあがないと創造のわざをご自身で必ず完成すると約束しておられます。この三位一体の神への信頼と終末の希望とに生かされ、私たちはこの決意を表明します。

「マラナ・タ、主よ、来てください。」

一九九三年八月八日

日本福音ルーテル教会

日本キリスト教協議会（NCC）

「戦後五〇年」のときに当たって

わたしたちは、アジア・太平洋戦争の敗戦から五十年という歴史の節目に当たって、日本キリスト教協議会（NCC）が負っている過去から現在に至る申し開きのできない数々の過ちを神の前に告白し、神とアジアの隣人にその赦しを乞い、そのことを土台としてこれからの歩みをなしていきたいと願っています。

NCCは敗戦後の一九四八年五月十七日の第一回総会をもって発足しました。第一回NCC総会記録の「沿革」によりますと、

「昭和十六年（一九四一）日本基督教団が成立し殆ど全ての教派が解消して合同した時自然日本基督教連盟も発展的解消を遂げ基督教連合会の変形となったが、終戦後の事態に又一転して教団以外に他教団の存立を見るに至り且基督教諸団体に直接教団の傘下にあらざるを以て爰く日本基督教の全般に亘連絡と国際団体との連絡のためにNational Christian Council を再編成するの必要を生じ……（後略）」

とあります。この意味でNCCの歴史は、少なくとも日本基督教連盟の発足（一九二三年）に遡って見ていく必要があります。わたしたちは、NCCに関連した戦前の歴史を振り返る時、天皇制を土台にした日本の富国強兵政策の下でなされた日本の台湾・朝鮮への植民地政策や中国への侵略、そしてアジアの国々への侵略の歴史に、時には沈黙を守り、時には積極的に協力していった日本のキリスト教界の姿を見ることができます。例えば一九二三年九月一日の関東大震災の時に、約六千人の在日朝鮮人が日本人によって虐殺されましたが、その同じ年に発足した日本基督教連盟はその事に関して、その後全く沈黙を守っています。朝鮮人キリスト者が、神社参拝や創氏改名、日本語の使用を強制され、それらの処置に抵抗した時も、その人達の苦難を共に負うことをしませんでした。また、わたしたちは「あなたには、わたしをおいてほかに神があってはならない」（申命記五章七節）と教えられているにもかかわらず、天皇の神格化に迎合し、礼拝の前には「宮城遥拝」を行い、「皇軍」のために祈りました。

わたしたちは神から示された預言者的役割を担わず、むしろこの世の力ある者の側に身を置いて生きたことを告白せずにはおれません。これは、わたしたちの主イエス・キリストの教えに反する生き方でありました。

NCCは一九四八年、戦前の日本基督教連盟が国家の政策に迎合したことに対する十分な反省を表明することなく、戦前と同じ指導者でもって発足しました。また、戦後も、「師父」として天皇をたたえるなど、戦後体制の問題

性を見抜くことができませんでした。ＮＣＣ第十二回総会（一九五九年）では「皇太子殿下のご結婚に対し祝意を表する件」及び聖書の贈呈を可決しましたが、その同じ総会でＮＣＣは、伊勢神宮の国家護持反対を決議しました。更に第二十一回総会（一九六八年）では、政府の明治百年の記念式典を批判し、政府や政党の反動化に批判的勢力としてのキリスト教を位置づけながら、後に激しい議論を呼ぶようになった、「万国博への参加の件」を可決しました。これらの件について自ら今後も批判的に歴史的検討を続けなければならない課題だと言えます。

日本は、敗戦から五十年の歴史の中でも、天皇制イデオロギーを強化しながら、アジアへの経済侵略を推し進め、国際協力の名の下に自衛隊の海外派兵を行い、国連安保常任理事国入りを目指すことによって、大国主義の道を選びとろうとしています。また憲法第九条を変えようとする勢力の台頭があり、日本の平和主義の原則が脅かされています。敗戦から五十年のＮＣＣの歩みにおいても、自らのあり方を含めてこの国の在り方を十分批判することなく、アジアの民衆の犠牲の上に立った繁栄を、それぞれ違った形で甘受してきたことを神の前に告白せねばなりません。

わたしたちは、神が預言者アモスの口を通して北王国イスラエルの犯した罪に対して語られた、「わたしは彼らが行ったすべてをいつまでも忘れない」（アモス八章七ｂ）という言葉の前で、恐れとおののきをもって立っています。

わたしたちは、この時に当たり、神の前に深い懺悔の思いをもってわたしたちの犯してきた罪を告白し、神とアジアの隣人に対して赦しを乞うものです。わたしたちは、今までの過ちを克服するために、日韓教会協議会やアジアの諸教会との交わりを進めてきました。またキリスト教アジア資料センターを通して、日本のキリスト教界のアジア理解を深める努力をしてきました。それらを通してアジアの主にある兄弟姉妹との出会いと交わりが持てたこと、また、わたしたちの目がアジアへの正しい理解へと少しずつ開かれていったことを神に感謝したいと思います。更に、靖国・天皇制問題、部落差別問題、在日外国人の人権問題、平和・核問題への取り組みおよび人材交流や開発プロジェクトサポート等の国際協力を通して、平和への志向を強め、アジアや世界の人々との共生をめざしてきました。特に昨年三月の第三十二回ＮＣＣ総会では、日本軍「慰安婦」問題への取り組みおよび平和を提言する作業を進めること等を決議し、ＮＣＣ全体の課題とすることを確認しました。

今日の日本の国家のあいまいな歩みの中に生きているわたしたちに「正義を洪水のように、恵みの業を大河のように、尽きることなく流れさせよ」（アモス五章二四節）と呼びかけておられる神の呼びかけに今日も明日も応答し続けることによって、平和と正義といのちを大切にし、あらゆる差別に反対し、日本に住む様々な人々と共に生きる社会の形成に皆様と共に参与していきたいと願っています。

一九九五年一月五日

日本キリスト教協議会議長　中嶋正昭

日本カトリック司教団

平和への決意　戦後五十年にあたって

信徒、司祭、修道者の皆様へ

わたしたち日本カトリック司教団は、第二次世界大戦が終結してから五十年たった今、それまでの歴史を振り返り、日本がかかわったさまざまな戦争において尊いいのちを落とされた数多くの人々に思いをいたし、謹んで哀悼の意を表します。

そしてここに、わたしたちは日本の教会のすべてのかたがたとともに、あらためて過去の歩みを反省し、キリストの光のもとに戦争の罪深さの認識を深めて、明日の平和の実現に向けて全力をつくす決意を新たにしたいと思います。

一、いのちの尊さと戦争

(1) 戦争は、神の創造のわざとたまものの破壊です

「神はつくられたすべてのものをよいと思われた」と聖書は語ります（創世記1・31参照）。神がつくられた世界は秩序と調和に満ちた、すばらしい世界でした。わたしたちのいのちは、神からのかけがえのないたまものです。戦争は、そのような世界と尊いいのちを破壊します。

（2）戦争は、人間のいのちの尊さを否定する行為です

神は、人間をご自分の似姿としておつくりになりました。ここに人間のいのちの尊さの根源があります。いのちを破壊する戦争は、その尊さを否定するものです。

（3）戦争は、家族の悲しみをつくりだします

神の祝福のもとにある家族の営みは、厳しい地上を旅するすべての人間の憩い、支え、喜び、希望、そして生きがいです。妻を夫から、子を親からを引き離し、家族を引き裂いてしまう戦争は、家族に大きな悲しみをもたらします。

（4）戦争は、十字架の愛を踏みにじるものです

神は、罪ある人間を救うため、御ひとり子をこの世に遣わし、十字架にお渡しになりました。神はそれほど人間を愛しておられます。人間のいのちを軽んじ踏みにじる戦争は、また神の愛を踏みにじるものです。

（5）戦争は、愛のおきてに背く行為です

イエスは、「わたしがあなたがたを愛したように、あなたがたも互いに愛し合いなさい」と弟子たちに愛のおきてを残されました。この愛のおきての実践が、真の平和を築きます。人と人とのかかわりに愛が失われるとき、それは力の関係に変わり、強者が弱者を支配するという形に発展し、紛争や戦争への道を開きます。

（6）戦争に積極的に加担する者は、永遠のいのちへの道を閉ざします

人のいのちは永遠のいのちに向けられたものです。永遠のいのちへの道は、愛のおきての実践によって開かれます。「わたしたちは、自分が死からいのちへと移ったことを知っています。兄弟を愛しているからです」（一ヨハネ3・14）。戦争をあおったり、それに積極的に加担したりする者は、永遠のいのちへの道を自ら閉ざすことになります。

二、明日を生きるために過去を振り返る

今、ここで過去を振り返り、どこに過ちがあったかを確認したいと思います。それは、過去の過ちを認め、そのゆるしを願い、その償いの責任があることを自覚し、さらにまた今の社会で戦争に向かう流れがあれば、それを機敏に見抜き、それに逆らって「ノー」と言える勇気を培うためであります。

（1）日本人として責任

一九八六年にアジア司教協議会連盟総会が東京で開催された際、当時の日本カトリック司教協議会会長の白柳誠一大司教（現枢機卿）は、日本の戦争責任について次のような告白をいたしました。

「わたしたち日本の司教は、日本人としても、日本の教会の一員としても、日本が第二次世界大戦中にもたらした悲劇について、神とアジア・太平洋地域の兄弟たちにゆるしを願うものであります。わたしたちは、この戦争にかかわったものとして、アジア・太平洋地域の二千万を超える人々の死に責任をもっています。さらに、この地域の人々

の生活や文化などの上に今も痛々しい傷を残していることについて深く反省します。」

確かに日本軍は、朝鮮半島で、中国で、フィリピンで、その他のさまざまな地域で人々の生活を踏みにじり、長い歳月をかけてつくりあげ、伝えられてきたすばらしい伝統、文化を破壊してしまいました。人々の人間としての尊厳を無視し、その残虐な破壊行為によって、武器を持たない、女性や子どもを含めた、無数の民間人を殺害したのです。

わたしたちのごく身近なところには、強制的に朝鮮半島から連行されてきた在日韓国・朝鮮人や元「従軍慰安婦」たちがいます。今もなお怒りと悲しみの叫びをあげているこのかたがたは、第二次世界大戦において日本が加害者であったことをあかす生き証人であります。

この事実を率直に認めて謝罪し、今なおアジアの人々に負わされている傷を償っていく責任があります。そしてその責任は新しい世代の日本人にも引き継がれていかなければならないものであることも、ここで新たに強調したいと思います。

また一方で、この大戦はわたしたち日本人にとっても不幸な悲しい出来事でした。実に多くの同胞が尊いいのちを戦場で散らしました。また、終戦間際、連合軍の上陸の場となった沖縄諸島は焦土と化しました。本土では度重なる空襲で家屋が焼失し、多くの人々が路頭に迷いました。さらにまた広島、長崎に原子爆弾が投下され、何十万という人々のいのちが一瞬のうちに奪われました。今なお多くの人々がその後遺症に苦しんでいます。

このようにわたしたちの同胞が、この大戦によって言葉に尽くせない苦しみを体験したことも忘れてはならないことであります。そうした人々の犠牲を無にしないためにも、わたしたちは二度と戦争を繰り返さないよう、働きかけていかなければなりません。とくにまた、核兵器の破壊的な力を体験したわたしたちには、その貴重な証人として、核兵器の廃絶を訴え続けていかなければならない責任があります。

（2）教会共同体としての責任

先の大司教の告白のなかに、「日本の教会の一員としても」という表現があります。これはわたしたちに、大戦中の日本の教会共同体のあり方を振り返るよう、呼びかけるものでもあります。

戦前・戦中、日本のカトリック教会は、周りから外国の宗教として冷たい目で見られ、弾圧と迫害を受け、軍部から戦争に協力するよう圧力をかけられており、自由に教会活動を展開することができませんでした。戦争終結は、日本の教会にとって解放の時であったことも事実です。今あらためて、ここに、当時日本の教会を支えるために並々ならぬ辛苦を耐えられた宣教師をはじめ、多くのかたがたに敬意を表したいと思います。

しかしまた一方、今のわたしたちは、当時の民族主義の流れのなかで日本が国をあげてアジア・太平洋地域に兵を進めていこうとするとき、日本のカトリック教会が、そこに隠されていた非人間的、非福音的な流れに気がつかず、尊いいのちを守るために神のみ心にそって果たさなければならない預言者的な役割についての適切な認識に欠けていたことも、認めなければなりません。

今これらのことを率直に認め、神と、戦争によって苦しみを受けた多くの人々に対してゆるしを願い、罪の償いの責任を果たすよう努め、祈りたいと思います。またわたしたちの回心のあかしとして、次項で具体的に指摘するようなことがらを、それぞれの立場で、それぞれできる範囲で、誠心誠意行っていきたいと思います。

三、平和実現に向かって

次にわたしたちがキリスト者として、信頼される「平和の働き人」となるための具体的な道を指摘したいと思います。

(1) キリストによって、キリストとともに、キリストのうちに

わたしたちがめざす平和は、キリストの十字架と復活によって実現した、神と人類の和解に土台をおいた平和です。信仰者としてのわたしたちの平和への歩みの中心には、キリストがおいでになられなければなりません。それは、キリストとの一致、キリストの支えと導きによってはじめて可能となることです。キリストは最後の晩さんの席で、「皆が一つになるように」という願いをこめて、感謝の祭儀を制定してくださいました。この感謝の祭儀をとおして、キリストは平和実現をめざして歩もうとするわたしたちを照らし、そのための力を与えてくださるのです。信仰を新たにして、キリストとの交わりを深めるための努力をしていきたいと思います。

またわたしたちは、日本の教会の福音宣教推進の歩みに合わせて、「わたしたちの平和」であるキリストの福音を新たな自覚をもって生き、広めて、世界平和の実現のために貢献したいと思います。それは、キリストこそ、罪によって互いに憎み分裂するわたしたち人間の心に愛の火をともし、心の武装解除をなさしめ、傷ついた心をいやし、人類一致と恒久平和のための内的基礎を築いてくださるかただからです。

(2) 愛と真理と正義と自由による世界の建設を

第二次世界大戦終結から五十年たった今、国の内も外も、平和からはほど遠い状況にあります。国の内では、家庭崩壊やいじめの問題などに指摘できるように、人と人との愛のつながりが揺さぶられています。国の外では、植民地主義や社会主義体制の後遺症が深刻に残り、富の不公平な分配による南北問題は先鋭化し、民族主義的な紛争が各地に勃発し、経済摩擦や麻薬売買等による国際間の緊張はおさまる気配がありません。こうした事実は、平和の確立がど

んなに難しいことであるかを示すものです。しかし、それがどんなに難しいことであっても、その実現のための努力を惜しんではならないと思います。わたしたちは、大戦後五十年を機に、信仰者として、この困難な課題に挑戦したいと思います。

そこで今、世界の平和は、愛と真理と正義と自由の調和の上に築かれるものであることを強調したいと思います。現代の教会は、種々の「社会教説」をもって、カトリック信者だけでなく、すべての善意の人々にあてて、福音の光に基づいた愛と真理と正義と自由の調和のとれた平和実現を呼びかけてきました。わたしたちは、これからもこの教えに耳を傾けながら、これを伝え、広め、すべての善意ある人々と手を取り合って世界平和の実現に向かって歩んでいきたいと思います。

（3）第二次世界大戦とそれに向かう流れについての正しい認識と検証を

教皇ヨハネ・パウロ二世は、二十一世紀を迎えるにあたって、次のような言葉で、教会の過去の歩みを反省するよう呼びかけています。

「教会は、この千年の間に教会の中で起きたことをはっきりと意識して、この節目を通過しなければなりません。教会は、過去の誤りと不信仰、一貫性のなさ、行動の緩慢さなどのことを悔い改めて自ら清めるよう、その子らに勧めることなくしては、新しい千年の敷居をまたぐことはできないのです。過去の弱さを認めることは、わたしたちの信仰を強める誠実で勇気ある行為です。それは、現代の誘惑と挑戦に立ち向かうわたしたちに警告を与え、またわたしたちの取り組みを準備するものです」（ヨハネ・パウロ二世使徒的書簡『紀元二〇〇〇年の到来』33）。

教皇のこの呼びかけにこたえて、わたしたちも、この戦後五十年を節目として、人間として、信仰者として、戦争へ向かった過去の歴史についての検証を真剣に行い、真実の認識を深め、悔い改めによる清めの恵みを願いながら、新たな決意のもとに世界平和の実現に挑戦したいと思います。

（4）平和な世界の実現のために

平和は、人と人とが触れ合い、助け合い、理解し合うことによって、深められていくものです。それぞれの立場で、それぞれの可能な分野で、国際交流をはかり、平和な世界の実現のために貢献していきたいと思います。そのための参考として、以下にいくつかの具体的な活動を提示したいと思います。

①温かい共感と人道的な配慮をもって、第二次世界大戦によって踏みにじられた人々の人権の回復のために努力する。

②国境を越えた人と人とのネットワークの輪を拡大する。

③アジア・太平洋地域の人々の自立と、その人々との共生を目的とした援助・協力活動を推進する。

④神からいただいたいのち（受胎から死にいたるまでの）を尊ぶ運動を促進し、いのちをはぐくむ社会および地球環境の保護に努める。

⑤武器輸出の禁止、核廃絶、軍事費の削減等の実現のための活動を展開する。

⑥被差別部落や在日韓国・朝鮮人、外国人移住労働者、国内外の少数民族、女性、障害者等の人権を尊重し、すべての差別解消のための活動を展開する。

⑦家庭、教会、学校における、青少年を対象とした平和教育を促進する。

おわりに

第二次世界大戦後、五十年の歳月がたちました。その間、日本は多くの人々の努力によって、経済的には豊かな社会を築き上げることができました。しかし、残念なことに、キリストの光に照らされると、その発展の裏に、人間のいのちの尊厳を危うくし、真の平和を脅かす実にさまざまな非福音的なものが潜んでいることが見えてきます。わたしたちカトリック信者には、それを識別し、預言者的な役割を果たしていく重い責任があります。

わたしたち司教は、この戦後五十年の節目にあたって、過去の歴史を教訓として受けとめ、そこから平和を築いていくための光をくみ取ろうと努めました。わたしたちは、日本の教会のすべてのかたがたがわたしたちと思いを一つにして、信仰の原点に立ち戻り、すべての善意ある人々と手をたずさえて、この複雑な社会をしっかり見つめながら、平和な世界の実現に向かって、カトリック信者としての責任を果たしてくださることを心から願っています。

一九九五年二月二十五日

日本カトリック司教団

（注は割愛させていただいた。）

沖縄バプテスト連盟

戦後五〇年を迎えるに当たっての戦争の反省と平和実現に関する声明

今年はわが国が敗戦して五〇年になります。この歴史の節目を迎えるにあたって、私たちはわが国が軍国主義国家体制のもと誤った道を歩んできた事実を確認します。また、八紘一宇、富国強兵等の合言葉のもとに皇民化教育が国家権力によって徹底的になされたばかりでなく、アジア諸国への侵略戦争を強行し、同時に皇民化教育を強制し、アジアの国々に苦痛と犠牲を与えたことを深く反省します。私たちは日本人としてこれらの諸国に対しては、真摯に謝罪と償ないをすべきであり、犠牲者に対しては、国家補償の義務があることを確認します。

私たちは、戦争が人命、人権の尊さを無視した国家による合法的殺人行為であることを認め、いかなる理由があるにせよ、戦争を正当化することはできないことを確認し、地上から戦争行為が消滅することを願い、努力する者であります。

私たちはキリスト者として、過去の戦争に対して強力に反対しなかったばかりか、却って国民の前にキリスト教信仰の表明を恐れ、国家権力が強制した国家総動員、神社参拝、一億玉砕、鬼畜米英等の戦争遂行と人権差別に協力してきたことを深く悔い改め神のみ前と人に対して赦しを乞う者であります。

「キリストはわたしたちの平和であって、二つのものを一つにし敵意という隔ての中垣を取り除き……、十字架によって二つのものを一つのからだとして神と和解させ、敵意を十字架にかけて滅ぼしてしまったのである。（エペソ人への手紙2章14、16節）

私たちはキリスト者として神ご自身が「わたしたちに和解の福音をゆだねられた」（コリント人への第二の手紙5章19節）ことを確信し、全世界に対して和解の福音の使者となり、主イエス・キリストは「平和の君」であることを大胆に宣言し、平和の実現のために惜しみない努力を続けることを決意します。

私たちは、キリスト者として預言者と祭司の使命である神の言葉の宣教と罪のための執り成しの祈りを強化することに努めます。

私たちは敗戦五〇年に際し、神のみ前に過去の罪を告白し、神の赦しを乞うと同時に、二度と誤った道を歩むことがないために、真理であられるイエス・キリストこそ永遠に変わらない天地の主、歴史の主、平和の主であることを常に告白し、戦争によって多くの犠牲を体験したこの沖縄が福音宣教と平和の発信地としての役割を果たすべきことを確認します。私たちはこれらのことをもっと早く声明すべきであったことを反省しつつ、ここに声明します。

「それは、主イエスの御名によって、天上のもの地上のもの、地下のものなどあらゆる舌が『イエス・キリストは主である』と告白して栄光を父なる神に帰するためである。」（ピリピ人への手紙2章10、11節）

一九九五年三月二一日

宗教法人　沖縄バプテスト連盟　第四十二回年次総会

NCC大嘗祭問題署名運動センター

戦後五十年を迎える日本のキリスト者の反省と課題

日本のキリスト教会の戦後

一九四五年八月十五日十二時を期して、天皇が日本の敗戦を宣言する詔勅を録音によって放送しました。その時まで日本のキリスト教会は、日曜日の礼拝の始まる前に「国民儀礼」として天皇のいる「宮城（皇居）」に向かって最敬礼をすることがあっても、さして『抵抗を感じませんでした。愚かにも戦時中の教会は「天皇礼拝」をしても、それが十戒の第一戒「わたしをおいてほかに神があってはならない」という基本的なことがらに触れることなど、まるで意識していなかったかのようです。これは罪深いことでした。戦時中の雰囲気はキリスト教を「敵性国」の宗教と見なしがちであったので、ことさらに物議をかもさないように気をつかったことも理由のようです。いつしか、日本の多くのキリスト教会では「国家あっての教会」という考え方が一種の常識になってしまっていて、日本が連合国に「無条件降伏」をするまで、またその後も、長い間ほとんど目が覚めませんでした。

一九四二年に旧ホーリネス系教会（当時の日本基督教団第6部、第9部）の人たちが「治安維持法違反」のかどで弾圧を受けて以来、ブレズレンその他無教会を含む幾人かの人々が迫害を受けました。日本の教会はますます国家に従順になろうとするばかりか、積極的に国家の宗教政策の推進に力を貸すようになりました。「宗教団体法」（一九三九年）のもとに成立した「日本基督教団」は、これら弾圧を受けたキリスト者を見殺しにするばかりではありませんでした。それ以前にも、当時の植民地であった朝鮮のキリスト教会に対してまで、「神社参拝」「天皇礼拝」を強要しました。これらは「宗教的な行為ではなく、臣民（天皇に服従する者）としての当然の義務である」などと説得しています。朝鮮の多くのキリスト者は不審に思いながらも、官憲が監視する教会の諸会議においては抵抗することができませんでした。しかし、中には「神社参拝」「天皇礼拝」は主なる神への反逆であるとする信仰に立って、これを拒否したために、筆舌をつくすことができない残虐な拷問を受け、ついに殉教した人たちが少なからずいたのです。実は、そのような事実があったことさえ戦後のかなりの間、私たちの多くの者は知らないでいました。

ようやく、一九六七年三月二十六日の復活主日に、日本の教会のあり方への反省と懺悔が「第二次大戦下における日本基督教団の責任についての告白」という総会議長名の文書によって、不十分ながらなされました。一九八六年、カトリックのアジア司教協議会連盟総会では、日本の大司教が同じく教会の戦争責任を表明しています。最近は、いくつかの教会、教派、及び団体からも同様の表明が相次いでなされるようになりました。こうして、「教会の戦争責任」が日本のキリスト者の課題になりつつあります。信仰の問題を隣人とのかかわりで考え、日本の教会が隣人に奉仕する教会に変えられることによって、アジアの諸教会とともに今日の宣教の課題を担うに足るものとして用いられることを願うばかりです。

「靖国神社問題」と「大嘗祭署名運動センター」の経験

戦時中、「キリストと天皇陛下とどちらが偉いか？」という質問に苦しめられた世代の多くの人は、「何人も、宗教上の行為、祝典、儀式又は行事に参加することを強制されない」（日本国憲法第二〇条第二項）と規定した「信教の自由」への関心を強くしました。そして、いま一つの側面である「政教分離の原則」を国が守るべきことを定めた「国及びその機関は、宗教教育その他のいかなる活動もしてはならない」という同条第三項の重要性を、非キリスト者による「津地鎮祭違憲訴訟」の提起（一九六五年）によって教えられました。つまり、国が特定の宗教にかかわりを持つことは。その宗教に特別の地位を与えることであり、「国はそのことを利用して、人々を精神的に支配してはならない」ということが、この過程において明らかにされたのです。そのことは、「靖国神社法案」の成立を阻んだ心ある人々の憂慮していたことであって、キリスト者だけが関心を持つ問題ではなかったのです。

一九八〇年代になって、天皇の代替わりが近いことを覚えて、明治から大正、大正から昭和への代替わりに際して、当時の教会の指導者が出してきた文書を私たちはつぶさに調べる機会がありました。多くの教会が、天皇の死にあたってはその死を悼み、教会で特別の行事をすることを勧めていました。また、新しい天皇の即位に当たって、主なる神の特別な祝福を祈るように示唆する文章も出ていました。当時の憲法は「天皇ハ神聖ニシテ侵スヘカラス」（大日本帝国憲法第三条）と定めていて、教会をも国家が支配することを当然としていた時代でした。しかし、一九八九年に遭遇することになった天皇の代替わりは、日本国憲法のもとでの初めての経験でした。大嘗祭という宗教的な儀式（皇室祭祀）を国の行事として、しかも国の費用を使って行おうとすることは、まさに「政教分離の原則」に対する重大な挑戦に他なりません。それによって、私たちの「信教の自由」が侵されるという問題だけでなく、国が宗教を利用して人々を支配しようとする意図があからさまになったのです。このとき、市民としての良心に基づき私たちは「反対」の声をあげました。

日本キリスト教協議会（ＮＣＣ）は大嘗祭問題署名運動センターを設けて、「国は大嘗祭に関与してはならない」「大嘗祭のために国費を使ってはならない」という二項目を立てて、広く署名を集めました。この運動は。カトリックの人々、日本福音同盟（ＪＥＡ）その他の団体の人々も参加して、活動を展開しました。これは、おそらく日本では画期的な出来事であったと思います。それぞれの教会や団体が、それぞれの信条や伝統の相違を認め合いつつ、この時代の課題について、一致できるところで共同の行動を進めました。十九万人の署名を集めるなど、拡がりをもった運動を進めた経験は、私たちにとって大きな財産となりました。

一九九五年はどういう年か

いま、政府は戦後五十年に当たる一九九五年を期して、戦後の問題に「けじめ」を付けようとしています。そして、過去百年にわたる侵略戦争と植民地支配を正当づける意図をもっているかのようです。その著しい例として、「戦没者追悼平和祈念館」や、日本軍「慰安婦」に対する民間募金の構想などがあげられます。また、かなりの数の国会議員の動きに呼応して、いくつかの県議会で強行された「先の大戦の戦没者への追悼と感謝の決議」などがあります。これらのことは、アジアにおける日本の軍事行動を正当づけ、いまアジアの各地で起こってきている謝罪と補償を求める声を無視しようとする動きに通じます。

日本政府は、特に他の国の戦争被害者たちへの責任を果たそうという姿勢を見せていません。そのことに、私たちは深い憤りを覚えます。結果的に、戦後補償に関しても、民族差別、性差別が現れているのです。そのような姿勢こそ、かつての戦争を引き起こし、アジアの各地で日本軍が残虐行為を行った原因でもあると思います。私たち日本のキリスト者は、その罪を心底から悔い改めなければなりません。

　戦後五十年という年は、私たちが過去の過ちを反省するだけの年ではありません。日本のキリスト者の課題を積極的に担うべき時であります。私たちの周辺には、私たちと志を同じくする人々が大勢いるのです。私たちは決して孤立してはいないのです。すでに日本国憲法第九条をもつようになっている私たちは、かつての軍国主義時代の再現を防ぐ強い手だてをもっているのです。いまこそ、私たちの周囲の仲間と連帯して平和を実現するという共通の課題を共に担ってゆきましょう。

　私たちは、世界の各地に平和を求めている人々がいることを覚えます。神は平和を求める人々を世界の各地に備えておられます。戦後五十年を迎えるこの年にこそ、私たちは、戦争の責任を大胆に告白し、その罪を赦されて真剣に悔い改め、キリストにあって「平和を実現する」道へと歩み出しましょう。

　一九九五年四月十日

カトリック東京大司教区靖国問題実行委員会、ＪＦＯＲ（日本友和会）、東京地区メノナイト教会連合、東京ミッション研究所（ＴＭＲＩ）、日本キリスト教協議会ＮＣＣ）平和・核問題委員会、日本キリスト教協議会（ＮＣＣ）靖国神社問題委員会、日本福音主義神学会実践神学部門、日本福音同盟（ＪＥＡ）社会委員会、日本メノナイト兄弟センター（ＪＡＣ）

日本福音キリスト教会連合

第二次大戦における日本の教会の罪責に関する私たちの悔い改め

戦後五〇年を迎えて

私たち日本福音キリスト教会連合は、教会の唯一のかしらであるイエス・キリストの名のもとに日本の教会に結び合わされています。それゆえ私たちは、戦後五〇年を迎えるにあたり、第二次世界大戦とそれに至る過程、また今日までの歩みを省みつつ、私たち日本の教会が犯した罪責に関して、主の御前に以下のとおり告白し悔い改めます。

私たち日本の教会は、かつて、国家神道体制の下で、天皇を現人神とする偶像礼拝の罪を犯しました。

日本全体が天皇制国体に忠誠を尽す中、教会は、国民儀礼という名の下に、礼拝の中で君が代斉唱や宮城遥拝を強要され取り入れた事実もありました。一九四〇年には皇紀二千六百年奉祝全国基督教信徒大会を開催し、大政翼賛を宣言しました。翌一九四一年には、国家が国民の精神統合のために定めた宗教団体法の下に日本基督教団を設立しました。一九四二年には、日本基督教団の富田満統理が伊勢神宮に参拝し、天照大神に教団の成立を報告し、その発展を祈りました。

私たち日本の教会は、同じキリストのからだに属するアジアの教会にも、偶像礼拝を強要する罪を犯しました。

日本は侵略した各植民地・占領地に神社・神宮を建て、人々に神社参拝を強要しました。日本の教会はこの国家政策に積極的に協力しました。なかでも、一九三八年には日本の教会の代表者が特高警察と共に朝鮮の平壌の教会を訪れ、神社参拝を朝鮮の教会の代表者に強要しました。朝鮮では、多くのキリスト者が神社参拝を拒否し、投獄され、殉教しました。

さらに、私たち日本の教会は、日本が国家としてアジアの国々を侵略し、多くの人々に悲惨と苦難を与えた時に、それに反対せず、かえって、海外の占領地域では国家政策に追随した伝道活動を行い、国内では頻繁に必勝祈禱会を開き、また、戦闘機のための愛国機献納献金を行なうなどして、積極的に協力しました。

一九四四年復活節の日には、私たち日本の教会は「日本基督教団より大東亜共栄圏に在る基督教徒に送る書翰」を送り、この戦争こそアジア諸民族の解放をめざすものであり、神の聖なる意志であると説きました。

日本の侵略戦争は多くの悲惨を生みだしました。

南京で無差別に虐殺された二十万とも三十万とも数えられる人たち。

重労働や拷問で殺され、捨てられ、埋められた中国の万人坑の人たち。

生体実験や解剖に付され「マルタ」と呼ばれて人間の尊厳の一切を奪われて死んでいった七三一部隊による犠牲者。

強制連行によって奴隷労働を強いられた人たち。

従軍慰安婦として軍人に凌辱された女性たち。

空襲で、原爆で、病で、異邦の地に死んでいった朝鮮・その他の国の人たち。

銃剣や日本刀によって切り裂かれたフィリピン・ルソン島やその他の占領地における幾千とも幾万とも言われる老若男女。

フィリピン・パターン半島の「死の行進」で倒れた幾千ものアメリカ軍捕虜の人たち。

食料の供出と過酷な労働で殺されていったインドネシアの人たち。

「枕木の数だけ死者を出した」といわれる泰緬鉄道の建設現場に倒れていったタイ・ビルマ・マレーシアの「ロームシャ」や、イギリス軍・オランダ軍・オーストラリア軍・アメリカ軍の捕虜・その他の人たち。

シンガポールで虐殺された数万の華僑の人たち。

皇民化政策によってことばと文化を奪われ、侵略者である日本のために徴兵され、傷つき、倒れて行った台湾と朝鮮の人たち。

アジア全域に広がる抗日闘争での犠牲者。

アジア・太平洋地域で、拘束・殺害された同信の教職者・信徒たちや欧米の市民・宣教師たち。

その他、私たちの知るところ、また知らないところで戦争の犠牲となった数え切れない人たち。

私たち日本の教会は、加害者である日本の国と日本の人々に対しても預言者としての役割を果たさなかったという大きな罪責を負うものです。日本の教会の多くは、戦後この事実を自らの罪責として認めることをせずに歩んできました。

そのために、戦後五〇年、私たち日本の教会は、主の憐れみの中に存続を許されながらも、この世の主権と力に迎合する体質を持ち、私たちの生活の全領域において、必ずしもキリストの主権を明らかにしてきませんでした。

戦後五〇年を迎えるにあたり、日本福音キリスト教会連合は、キリストを唯一のかしらとする教会の一体性に根ざし、歴史の支配者である神の前に、第二次世界大戦における日本の教会の罪責を負うものであることを認めます。また、戦後五〇年の教会の歩みを省みつつ、私たち自身の罪を認め、深く悔い改めます。

私たちは、自らのこのような罪と弱さを認めつつ、全世界の教会と共に、この地に住む人たちの祝福の基となるために、歴史と教会の唯一の主権者であるキリストを告白し、キリストから委託された、地の塩・世の光として光栄ある務めに献身することを願い祈るものです。

私たちのために死に、復活された主よ。私たちを御霊によって導き、ただ、ご自身の御国と御栄えのために用いたまえ。アーメン。

「私たちの先祖は罪を犯しました。彼らはもういません。彼らの咎を私たちが背負いました。」哀歌5・7

一九九五年四月二七日

日本福音キリスト教会連合第二回全国総会

（注は割愛させていただいた。）

明治学院

明治学院の戦争責任・戦後責任の告白

私は、日本国の敗戦五十周年にあたり、明治学院が先の戦争に加担したことの罪を、主よ、何よりもあなたの前に告白し、同時に、朝鮮・中国をはじめ諸外国の人々のまえに謝罪します。また、そのことを、戦後公にしてこなかったことの責任をもあわせて告白し、謝罪します。

敗戦五十周年を迎える今日、すぐる戦争の惨禍の実態は、消え去るどころか日を追って一層詳しく明らかにされてきています。「従軍慰安婦問題」、「七三一部隊」による生体解剖等々、未だにその傷跡は生々しく、生残った当事者やその親族の苦難の日々は今もなお続いています。

日本国民の犯した戦争犯罪は当然諸外国の人々にも及ぶものであり、キリストの愛の名によって樹てられていた明治学院も、この日本国の中に在った限り、全くその圏外にいることは出来ませんでした。

一般的に私学は、国家権力に対し弱い立場にありました。それにもかかわらず明治学院は建学の精神である「キリスト教に基く教育」を守ってきた輝かしい歴史をもってきましたが、かの侵略戦争に協力するという罪を犯してしまったことは、主イエス・キリストの御前に言い逃れることができない事実であります。

もとより、私ども後世の、その時代の厳しさを直接体験していない者が、戦時下の指導者たちに「石を投げる」資格はむろんないでしょうし、彼等や組織の全体を裁くことが出来るのは、唯、主なる神のみであることは言うまでもありません。しかし、戦争の惨禍を被侵略者・被抑圧者・殉教者の側からの、いよいよ増大する証言をとおしてより広くより深く知らされてきた私どもは、当時よりももっと全体的・客観的に事柄を見ることができる立場におかれています。ですから、当時の指導者たちが犯していた過ちについて、むしろ私たちが主の前に告白し、人々に謝罪せざるを得ないのです。それは彼等を鞭打つためではなく、私ども自身が同種の過ちをこれから繰り返さないためなのです。

一九三一年の「満州事変」、一九三七年の「日華事変」のあと、政府は一九三九年の「宗教団体法」に基づき、四一年六月、宗教界を統合し国策に協力せしめるべく「日本基督教団」を結成させていました。この教団「統理」冨田満牧師は自らも伊勢神宮を参拝したり、朝鮮のキリスト者を平壌神社に参拝させたりしました（一九三八年）が、このことが朝鮮の多数のキリスト者を殉職に追いやり、戦後も日朝両キリスト者の間にうめがたい深淵を作ってしまったことは否定すべくもありません。朝鮮・台湾ではこの神社参拝問題のために多くのミッションスクールは存廃の岐路に立たされたのです。この冨田氏は、戦中から引続き、戦後も、数年間にわたり明治学院の理事長でした。

また、一九三九年、明治学院学院長に就任した、矢野貫城氏は、宮城遥拝、靖国神社参拝、御眞影の奉戴等々に大変積極的に取り組みました。同氏も主への罪の告白を公には果さぬまま、戦後しばらく院長としてとどまりました。これらのことに関し、明治学院は今日まで主の前にその罪を公に告白し、侵略された国々の人々に謝罪したことがなかったのです。「飛べ日本基督教団号」という掛け声のもとで集められた戦闘機献金、また当時の「機関紙『教団時報』で「殉国即殉教」が主張され天皇の国家へのキリスト者の無条件の服従が日本基督教団の名によって勧められたとき、冨田氏らもその最高級の責任者だったのにです。当時の全体主義的な風潮の厳しさ、またその重圧のもとで「主の器」として教会組織を守らんとした指導者としての苦心、といった点を考慮したとしても、それらが冒頭に述べた悲惨をもたらした日本の国家的犯罪に組み込まれていた事実は否定すべくもありません。こうした情況のもとで、侵略戦争に加担させられ、学徒兵として出陣していった多くの当時の学生たちのことを想うと、教師として、学院長として深い悲しみを覚えざるを得ないのです。また、朝鮮・台湾などからの学生たちをも含みつつ多くの若者を戦地に送った当時の教師たちの苦悩の深さに思いを馳せる次第です。これらのことについて、少なくとも「敗戦」という主の審判が下ったところで学院指導者たちの反省と告白と謝罪がなされるべきだったのでないでしょうか。

しかしながら、戦後においても反省と謝罪が公になされなかったばかりか、こうした侵略戦争で亡くなった日本の戦死者を「英霊」（ひいでた霊魂）としてまつろうとする「英霊」思想は明治学院からも消え去りはしませんでした。

明治学院の理事者、明治学院の「建学の精神」を保持する主体としての理事会の中の一人である田上穣治氏が、公権力の「英霊」参拝を積極的に推奨してきたのです。それは、戦時下に冨田氏らが犯していた誤りと全く同種の罪――死者を神としてあがめる「偶像崇拝」という、『聖書』に自己啓示されている私どもの主なる神が最も忌み嫌うその罪――が、明治学院との関係において戦後も引継がれてきていた証左の一つなのです。

このように、「戦争責任」問題は、「戦後責任」の告白と直接に連っており、それらのことが明確にされないかぎり、今後の明治学院のゆくえは見出しがたいのです。

とはいえ、戦後五十周年の今日、明治学院の戦時下の歴史を振り返って、長谷川信氏のような良心的な学生がいたことに希望の光を見出します。出征せざるをえなかった長谷川氏の苦悩と、「天皇の国」からの内面的自立の気概とは、イエス・キリストのみに土台を据えた明治学院の今後の歩みへの指針を示唆していると思われます。私は、彼のような生き方を貫こうとして悩んだ学生が少なくなかったのだと信じたいのです。

二十一世紀を展望し、建学の精神を再確認しつつ、前進しようとする明治学院は、冨田・矢野両氏らのとった「広い路」ではなく、当時学生であった長谷川氏の「狭い路」をこそたどらねばならないでありましょう。今、再び日本が「国際貢献」の美名の下に海外に軍隊を派遣し始め、「殉国」（国家のために殉死する）の思想が現代的装いをもって、じわじわと日本社会のなかに浸透していく中で、私どもはその殉難者が再び「英霊」として崇拝されることに危機を感じざるを得ないのです。私どもは先ず自らに最も身近な明治学院の戦争責任・戦後責任を深く自覚し、主キリストの前にそれを告白し、人々の前にそれを公にし、戦禍に置かれた国々の人々に向かって謝罪することにより、毅然としてこの時代に対処し、「この曲がれる邪悪なる時代にありて神の瑕なき子と」なり、「生命の言を保ちて、世の光のごとく此の時代に輝」（ピリピ書二章一五節）き続ける力を備えられたいと祈らずにはいられません。

この告白を主なる神になし、同時に被害をうけた人々に謝罪することによって、明治学院が、キリストに在る真の平和を創り出していくことに一層努力していくことができますように。

主一九九五年六月　日本国の敗戦五十周年にあたって

明治学院学院長　中山弘正

『時の徴』同人

戦後五〇年にあたって

「戦後」という言い方をわれわれはどれだけ繰り返してきただろうか。そしてついに「戦後五〇年」を迎えようとしている。おそらく「戦後」という言葉が風化する寸前に、われわれは今置かれているのである。

しかしわれわれの属する日本基督教団は、戦後のこの五〇年をどのように歩んできたのか。今改めて指摘しなければならないことは、あの戦争についての徹底した悔い改めとそれに基づく信仰理解・教会理解のうえに教団の戦後の歩みが積み重ねられてはこなかったという事実である。

既に一九六七年に、教団は当時の鈴木正久議長名による「第二次世界大戦下における日本基督教団の責任についての告白」（いわゆる「戦責告白」）を発表している。戦後二〇年以上経過した時点での遅きに失したものではあったが、それは紛れもなく教団の戦争協力の罪を自覚し、そのことをアジアの諸教会に対して率直に表明したものであった。と同時にそれは、日本基督教団そのものの再出発にかける姿勢を表わしたものであった。しかるにあの「戦責告白」から既に三〇年近い歳月を経過したにもかかわらず、われわれは未だに「戦責告白」にもとづいた明確な教会観や信仰理解を告白的に打ち出せないでいるのではないか。そしてわれわれは今、大きな時代の転換と混迷の中で、戦後五〇年を迎えようとしているのである。

この時にあたって、われわれは改めて日本基督教団の成立そのものにさかのぼり、また戦中戦後の教団の歩みを真摯に振り返らねばならない。

教団の罪は、「戦責告白」が言うように、あの戦争に「同調」し、それを「是認し、支持し、その勝利のために祈り努め」「見張りの使命をないがしろに」したことにとどまらなかった。そこでは「国民儀礼」の名のもとに、第一戒への明白な侵犯が行われ、アジア諸国への侵略を是認するために主イエスの名を用い、聖書の言葉を援用するという罪が犯されたのではなかったか。

また「戦責告白」は「教団の成立と存続」における「弱さと誤ち」について言及しているが、しかしそれは「歴史の主なる神の摂理」について語ることによって、あの告白文全体を曖昧なものにしてしまったとは言えないだろうか。もとより「摂理」は、われわれにとって重要な信仰命題であって、われわれすべての行為が神の摂理の中で起こっていることを、われわれは信じている。しかしこの問題について、罪を犯したわれわれ自身が、自分の行為を「摂理」と呼ぶことは許されないのではないか。その場合われわれが語り得る言葉は、「摂理」という言葉よりも「悔い改め」

という言葉ではないだろうか。

われわれは今戦後五〇年に際し、以上のような悔い改めに立って、神の前に主イエス・キリストによる罪の赦しを心から求める。そして何がわれわれをしてあのような罪を犯させたかを徹底的に吟味しつつ、悔い改めにふさわしい果を結ぶべく努力することからもう一度始めたいと願う。そのような再出発こそが、混迷するこの国における福音宣教の課題を真に担うことであり、また世のためにあるイエス・キリストの教会として自らを形成することにほかならないからである。まさに「罪の増し加わったところには、恵みもますます満ちあふれる」（ロマ書五・二〇）とのみ言葉に信頼し、罪多きこの日本基督教団にもまた神から委託された恵みにみちた使命が与えられていることを信じるものである。

一九九五年六月

『時の徴』同人一同

日本聖公会

聖公会の戦争責任に関する宣言

（1）日本聖公会は、戦後五〇年を経た今、戦前、戦中に日本国家による植民地支配と侵略戦争を支持・黙認した責任を認め、その罪を告白します。

一九四五年、日本聖公会は日本によるアジア太平洋諸地域に対する侵略と植民地支配の終焉という歴史的転機に立ちました。その年の臨時総会告示で、佐々木鎮次主教は戦時下の教会の反省を述べ、「国策への迎合」「教会の使命の忘却」を指摘しました。このとき、総会も主教会も教区も各個教会も預言者的働きをなしえなかったことを深く反省し、日本が侵略・支配した隣人へ心から謝罪し、真実に和解の関係を公会として求めるべきでありました。

日本聖公会は、設立以来、福音に反する天皇制国家の国体思想や軍国主義に対し、妥協をつづけ、強く抵抗し拒むことができませんでした。日本聖公会が英国、米国、カナダなどの聖公会と繋がりを持つゆえに、官憲の圧迫を受け、信仰の戦いを経験した牧師、信徒もいましたが、その苦渋の経験にもかかわらず、わたしたちの教会は、抑圧され苦しむ人々と共に立つ姿勢を持ちえませんでした。また、国際的な交わりを持つ教会であるにもかかわらず、侵略戦争による加害者としての国家の姿に目を開くことができませんでした。むしろ「支那事変特別祈願式」「大東亜戦争特別祈祷」などを用い、他民族支配や戦争協力をキリスト教の名において肯定し、教勢の拡張や体制の維持のみをめざす閉ざされた教会にとどまり、主の福音が示す「地の塩」としての役割を果たすことができませんでした。

(2) 日本聖公会は、敗戦後、すみやかにこの過ちを認めなかったこと、また戦後の五〇年の自らの責任を自覚せず、和解と補償のため積極的に働くことなく今日にいたったことを、神の前に告白し、アジア・太平洋の人々に謝罪します。

戦後、日本聖公会は一九四七年第二二総会において、一九三八年版の祈祷書をそのまま正本として採用しました。その祈祷書には、天皇の支配を神の御旨とみなす「天皇のため」「紀元節祈祷」などの祈祷文がありました。さらに一九五九年祈祷書改正まで、公会問答において「隣に対してなすべきこと如何」の答えとして「……天皇陛下とその有司（つかさ）に従い……」と教え、聖餐式の中では「すべての主権を持つもの殊にわが今上天皇を祝し」と司祭が祈りました。このように戦後もなお、戦争責任においてもっと問われるべき天皇やその国家体制を肯定する祈祷書を用い続け、自らの姿勢を自覚的に正すことを怠ってきました。

皇国臣民化政策の結果、引き起こされた沖縄戦の住民虐殺や強制集団自決、さらに戦後における米軍基地の脅威などの沖縄の経験は、沖縄教区を通して語られつづけ、一九七二年の日本聖公会への移管に向けて「歴史と現状を理解してほしい」との沖縄教区からの問いかけがありました。しかし、その後も日本聖公会として応答することを怠ってきたことを、反省しなければなりません。

(3) 日本聖公会は、差別体質を戦後も克服できないでいることを告白します。神の民として正義を行うことへと召されていることを自覚し、平和の器として、世界の分裂と痛み、叫びと苦しみの声を聴き取ることができる教会へと変えられることを祈り求めます。

以上わたしたちの悔い改めの徴として次のことをすすめていきます。

(1) 日本聖公会の戦争責任の告白を全教会が共有すること。

(2) 日本が侵略した諸国の教会に対し、日本聖公会としての謝罪の意志を伝えること。

(3) 歴史的事実の認識と福音理解を問い直し深めるための取組みを、各教区・教会の中で継続してすすめること。

一九九六年五月　第49（定期）総会決議第34号

日本基督教団讃美歌委員会

戦後五十年を迎えて――「讃美歌」の歴史における私たちの責任

本年一九九五年は、わが国にとっては敗戦後五十年を画する重要な年です。日本基督教団讃美歌委員会は、わが国のキリスト教会をはじめ、学校、団体などで広く歌われ、用いられている讃美歌集の発行の責任を受け継いできました。この年に当たって、歴史に対する反省に立ちつつ、私たちの見解と責任を表明いたします。

わが国のプロテスタント讃美歌集・聖歌集の中で、現在もっとも広く用いられている現行『讃美歌』（一九五四年版）は、戦後まもなく数年の改訂作業の結果、発行されたものです。その元になった『讃美歌』一九三一年版は、日本が中国東北部（旧満州）に対する侵略を開始した年に刊行されました。それを本体とした一九四一年刊の『青年讃美歌』をはじめ、一九四三年には『興亜讃美歌』、『興亜少年讃美歌』、さらに『讃美歌・時局版』の編集刊行に、当委員会は、直接あるいは間接的に関わってきました。これらの曲集には戦争賛美の色彩の濃い讃美歌が収められています。時代の流れのままに侵略戦争に加担したことは否めない事実で、キリスト教会としては行ってはならない誤りでした。

現行『讃美歌』は、このような歌集に対する「徹底的な改善補強を要求」される中で編集されましたが、わが国の讃美歌の基本的欠陥を徹底的に改善することはできませんでした。そのことは各方面からの指摘によっても、また近年の当委員会自身による検討作業によっても明らかになりつつあります。ことに、当時の宣教論や国家神道的表現の多用等は、キリストの福音とは異なる、権威主義的・国家主義的発想となり、天皇制容認の素地を作ることとなりました。またそれは同時に、差別と自己優越感を助長することにもなりました。その意味で、現行『讃美歌』は前世紀末からのわが国の讃美歌集の特質を継承していると言わざるをえません。

わが国のいわゆるプロテスタント主要教派における最初の共通歌集は、『讃美歌』一九〇三年版です。その編集において直接の資料となったものとしては、『基督教聖歌集』（一八八四年初版、一八九五年増補版）、『新撰讃美歌』（一八八八年歌詞版、一八九〇年譜付版）、また『基督教讃美歌』（一八八九年初版、一八九六年増補版）などであったとされています。一八九四年にいわゆる日清戦争を開始した日本は、それを契機としてアジア侵略への道を歩み始めました。教会の指導者たちのなかにも義戦論が目立つようになっていた時代でした。そのことが教会の信仰とその告白の言葉、祈りと讃美の表現に影響を与え、讃美歌の歌詞に国粋主義的な美文調の傾向をもたらしたと見ることができます。こうした事実から見て、わが国の讃美歌の性格は、過去一〇〇年の日本の歩みについての歴史的反省の上に立って見直されなければならないことになります。

これまで当委員会として、このような歴史についての反省をしてこなかったことを深く謝罪し懺悔いたします。同時に、こうした歴史と讃美歌の実態を正しく認識しながら、これからの働きのなかで、同じ過ちを繰り返すことのないように銘記したいと願っています。

そのためにも、讃美歌改訂の必要性は差し迫ったものです。当委員会としては一九九二年に『改訂　讃美歌　試用版』を刊行し、皆さまの批判、要望、意見を受け入れております。また、九三年からは、積極的に讃美歌改訂作業を進めるべく、讃美歌委員会のもとに「讃美歌改訂委員会」を設置して、その作業を継続しています。

以上のような歴史の認識、現状における反省をもちつつ、会衆歌としての讃美歌に関わり、ことに讃美歌改訂作業に着手している讃美歌委員会、讃美歌改訂委員会の働きを覚え、祈りと励ましをお願いする次第です。

なすべき反省・謝罪・懺悔の思いを神と隣人に向かって明らかにするとともに、主は、私たちがこれから進むべき道を導かれることを信じています。

一九九五年十月

日本基督教団関東教区

関東教区「日本基督教団罪責告白」

わたしたちの日本基督教団は、第二次大戦下の一九四一年六月、「宗教団体法」のもとに、三十余派の福音主義教会の合同によって成立し、今日に至っています。教会合同は、早くからの日本の教会の願いでしたが、この合同は、当時の国家の宗教統制によるものであり、教会的な祈りと決断によるものではありませんでした。それによって、組織としての教会は保たれましたが、教団は、天皇を中心とする国家に奉仕する教会となり、神ならぬものを神とし、戦争に協力する数々の過ちを犯しました。

敗戦後、教団は、まず主なる神の前に悔い改めて、新たな出発をすべきでしたが、戦後復興の道を急ぐあまり、過去の清算がなおざりにされました。

戦後二二年を経た一九六七年三月、教団は「第二次大戦下における日本基督団の責任についての告白」を、鈴木正久議長の名で公にしました。この「戦責告白」は、アジアの諸教会との和解の道を開き、敗戦によって分断された沖縄キリスト教団との合同の契機となりました。しかし、教団の罪責は、戦争責任だけではなく、教会のあり方全般に関わるものであり、なによりも主なる神の御前に、主体をかけて懺悔告白しなければならないものです。

わたしたちは、日本基督教団に属する「肢」として、教団の犯した罪を、主なる神の御前に心から懺悔告白し、共に、明日の教区・教団の形成のために祈り努めたいと願います。

（1）　わたしたちは、聖書に証しされた唯一の神を信じ、イエスを主と告白する信仰に立ちながら、天皇を神とする国家体制を容認し、天皇を拝し、神社参拝をするなどの過ちを犯しました。ことに、神にのみ献げるべき礼拝において、君が代斉唱、宮城遥拝などを「国民儀礼」として取り入れ、これらの「偶像礼拝」を朝鮮・韓国、台湾、中国等、アジアの諸教会及び在日のアジアの隣人に対しても強要する罪を犯しました。

（2）　わたしたちは、天に国籍を持つ「神の民」であるにもかかわらず、天皇制国家の臣民であることを誇りとし、主の御心に従うより、天皇の意思に従うことを優先させました。その結果、天皇中心の国家主義をアジアにまで広げようとする国策を、「神の国」の実現であるかのようにみなし、植民地支配に協力する罪を犯しました。

（3）　わたしたちは、聖書を通して、人の命の尊さ、隣人を愛することの大切さを教えられながら、「敵」を憎み、皇軍の勝利のために祈り、軍用機の献納など、戦争に協力しました。また、多くの若者を戦地に送り出し、占領地に教師を派遣し、軍部への協力を呼びかけました。あの戦争で流された多くの血の責任は、わたしたちにもあることを懺悔告白します。

（4）　「教会はキリストの体であり、一人一人はその部分です」。わたしたちは、同じ教団に属する旧六部・九部の教会が、国家から弾圧を受けたとき、これを見放して、教師職を剥奪し、教会の解散処分を黙認しました。また戦後二四年間、かつて教団の一部であった沖縄の教会を、米軍統治のまま放置し続けました。一九六九年、教団は沖縄キリスト教団と合同しましたが、沖縄戦の傷跡と米軍基地のもとで呻く沖縄の人々の苦しみを真摯に受け止めることができませんでした。同じ「主の体」に属する一つの「部分」の痛みに対して無感覚なわたしたちの罪を懺悔します。

わたしたちが、主なる神と隣人に対して犯した罪は、計り知れません。主よ、どうかわたしたちの犯した罪をお赦しください。わたしたちの愛する日本基督教団が、再び同じ過ちを犯すことがありませんように。わたしたちが、常に主の御言葉に聴き従い、「地の塩」・「世の光」として、この国と世界に対する使命と責任を果たしていくことが出来ますように。わたしたちが、主にあって一つとなり、共にこの世に和解と平和を生み出す働きができますように。主よ、わたしたちを助け導いてください。

アーメン。

二〇一三年五月二九日　第六三回関東教区総会

あとがき

戒能信生

今年二〇一七年の復活節は、日本基督教団の「第二次大戦下における日本基督教団の責任についての告白」（いわゆる「戦争責任告白」）が発表されて五十年目になります。あれからもう半世紀が経過したのかという感慨と共に、その後の教団の歩み、さらに近年のこの国とそれを取り巻く世界の変化の大きさに驚かされます。

いくつかの神学校で日本キリスト教史を教えていて、「戦争責任告白」に触れることがあります。しかしその際、若い神学生たちがその内容について、またそれが発表された経緯についてもほとんど知らないという現実があります。ある意味でそれは致し方のないことでしょう。しかしこの一九六七年「戦争責任告白」から、日本基督教団の新たな歩みが始まったと私は考えて来ました。日本基督教団のこの告白をきっかけとして、それ以降、他教派からも、また他の宗教界においても、さらに日本社会の様々なところで戦争責任の問題が自らの課題として取り上げられるようになったからです。また、アジアや世界の教会において、日本基督教団は「戦争責任告白」を自ら明らかにした教会として認知されるようになりました。その後の海外教会との交わりの起点にこの「戦争責任告白」がありま す。もちろんそこには様々な蹉跌や課題がありました。それは現在もなお続いています。しかしあの

「戦争責任告白」によって指し示された教会の在り方こそ、日本基督教団の、そして日本の教会の進むべき方向と使命であると今も確信しています。

個人的なことを言えば、私が神学校に入学したその春、「戦争責任告白」が公表されたのでした。それ以来、私自身がこの「戦争責任告白」と共に歩んで来たと言っても過言ではありません。私も編集同人の一人として名を連ねている『時の徴』誌上において、折に触れ「戦争責任告白」の意義、あるいは残された課題について取り上げて来ました。あれから五十年が経過するこの時、『戦争責任告白』についての私どもの願いと想いをまとめてブックレットを作ろうという声が上りました。しかし『時の徴』の特集という形ではなく、日本基督教団以外の人たちにも読んでいただきたいとの願いから、新教出版社の協力を得て、「新教コイノーニア」の一冊としての刊行を計画したのです。『時の徴』の同人に加えて、何人かの方々に寄稿していただきました（第2部の論考は寄稿者のお名前の五十音順に配列しました）。また、その後各教派・団体から発表されている戦争責任についての声明を集めて、資料として掲載しました（第3部の資料はその発表年代順に配列しました）。その中に、『教団戦争責任告白』の英語訳を付け加えました。海外の教会においても「戦争責任告白」が知られ、理解が深められることを願ってのことです。

わたしどもの愛する祖国は、今日多くの問題をはらむ世界の中にあって、ふたたび憂慮すべき方向にむかっていることを恐れます。この時点においてわたくしどもは、教団がふたたびその過ちを繰り返すことなく、日本と世界に負っている使命を正しく果たすことができるように、主の助けと導きを祈り求めつつ、明日にむかっての決意を表明するものであります。

「戦争責任告白」のこの最後の一文は、五十年が経過した今も全く古びない姿勢を言い表していま
す。

二〇一七年三月　復活節を前にして

『時の徴』編集委員会を代表して

新教コイノーニア33

日本基督教団戦争責任告白から50年

その神学的・教会的考察と資料

2017年 3月 1日　第1版第1刷発行

編　者……『時の徴』同人

発行者……小林　望

発行所……株式会社新教出版社

〒162-0814東京都新宿区新小川町9-1

電話（代表）03（3260）6148

振替 00180-1-9991

印刷・製本……株式会社カシヨ

ISBN 978-4-400-40711-9 C1316　